中国乡村自媒体传播生态研究
——基于网络文化安全治理视角

Research on the Communication Ecology of Rural We Media in China:
Based on the Perspective of Network Culture Security Governance

张苏秋　著

中国社会科学出版社

图书在版编目（CIP）数据

中国乡村自媒体传播生态研究：基于网络文化安全治理视角 / 张苏秋著.
—北京：中国社会科学出版社，2024.5
（中国社会科学博士后文库）
ISBN 978 - 7 - 5227 - 3547 - 4

Ⅰ.①中… Ⅱ.①张… Ⅲ.①乡村—传播媒介—研究—中国 Ⅳ.①G206.2

中国国家版本馆 CIP 数据核字（2024）第 091565 号

出 版 人	赵剑英
责任编辑	慈明亮　王　越
责任校对	周　昊
责任印制	李寡寡

出　　版	中国社会科学出版社
社　　址	北京鼓楼西大街甲 158 号
邮　　编	100720
网　　址	http://www.csspw.cn
发 行 部	010 - 84083685
门 市 部	010 - 84029450
经　　销	新华书店及其他书店

印　　刷	北京君升印刷有限公司
装　　订	廊坊市广阳区广增装订厂
版　　次	2024 年 5 月第 1 版
印　　次	2024 年 5 月第 1 次印刷

开　　本	710×1000　1/16
印　　张	11.5
字　　数	197 千字
定　　价	68.00 元

凡购买中国社会科学出版社图书，如有质量问题请与本社营销中心联系调换
电话：010 - 84083683
版权所有　侵权必究

第十一批《中国社会科学博士后文库》编委会及编辑部成员名单

（一）编委会

主 任：赵 芮

副主任：柯文俊　胡　滨　沈水生

秘书长：王 霄

成 员（按姓氏笔划排序）：

卜宪群　丁国旗　王立胜　王利民　王 茵
史 丹　冯仲平　邢广程　刘 健　刘玉宏
孙壮志　李正华　李向阳　李雪松　李新烽
杨世伟　杨伯江　杨艳秋　何德旭　辛向阳
张 翼　张永生　张宇燕　张伯江　张政文
张冠梓　张晓晶　陈光金　陈星灿　金民卿
郑筱筠　赵天晓　赵剑英　胡正荣　都 阳
莫纪宏　柴 瑜　倪 峰　程 巍　樊建新
魏后凯

（二）编辑部

主 任：李洪雷

副主任：赫 更　葛吉艳　王若阳

成 员（按姓氏笔划排序）：

杨 振　宋 娜　陈 莎　胡 奇　侯聪睿
贾 佳　柴 颖　焦永明　黎 元

《中国社会科学博士后文库》
出版说明

为繁荣发展中国哲学社会科学博士后事业，2012年，中国社会科学院和全国博士后管理委员会共同设立《中国社会科学博士后文库》（以下简称《文库》），旨在集中推出选题立意高、成果质量好、真正反映当前我国哲学社会科学领域博士后研究最高水准的创新成果。

《文库》坚持创新导向，每年面向全国征集和评选代表哲学社会科学领域博士后最高学术水平的学术著作。凡入选《文库》成果，由中国社会科学院和全国博士后管理委员会全额资助出版；入选者同时获得全国博士后管理委员会颁发的"优秀博士后学术成果"证书。

作为高端学术平台，《文库》将坚持发挥优秀博士后科研成果和优秀博士后人才的引领示范作用，鼓励和支持广大博士后推出更多精品力作。

《中国社会科学博士后文库》编委会

序

  人类传播史上每一次语言革命的发生，都推动着信息传播秩序的演变。和数字新媒体打交道的几十年中，让我深深感受到媒介技术对人类社会变革的巨大推动作用。早在2019年，我便开始重点关注和全面启动网络文化安全研究，后来互联网的发展加速数字社会的演变，网络文化安全问题越来越显现化，新的技术正在重组媒介内容生产与传播，开始对不同群体、不同地域、不同领域施加影响。中国农村网民规模高达3.08亿人，互联网已然成为广大农民的"新农具"。农村居民网络媒介的使用特征和乡村自媒体的传播生态是探索和理解网络文化安全治理的重要内容。所以我记得，作者开始和我讨论他的博士后研究报告选题时，我的第一印象是意义重大，值得研究。

  网络文化安全是在互联网平台巨大重构力的基础上，衍生出的覆盖于文化艺术创作生产、传播与消费全过程、全要素的文化安全，属于新兴的非传统安全领域。它与政治安全、国土安全、军事安全、经济安全、社会安全、科技安全、生态安全、资源安全、核安全等一道，构成总体国家安全观，是讨论一切新兴媒体和数字技术发展所绕不开的话题。网络文化安全既具有传统文化安全的诸多特征，又因为其特殊的传播环境、传播能力、传播生态、传播受众，呈现出虚实相生的形态特征、显隐交织的演变特征、多元交叠的群体特征。网络文化安全问题不仅附着在网络文化本身，影响网络文化自身的健康发展，当处理不当时，它还极易产生感染效应，引发传统文化安全问题。

  党的十八大以来，以习近平同志为核心的党中央深刻认识互联网这一治国理政的"最大变量"，全面驾驭互联网这一事业发展的"最大增量"，走出了一条中国特色治网之道。我在学习宣传贯彻习近平总书记关于网络强国的重要思想理论研讨会上的发言中提出，习近平总书记关于网络强国的重要思想是信息化条件下中国式现代化建设的根本遵循。这一重要思想从互联网为人民服务的普惠性角度，将包容式发展作为核心关切，让人民群众成为网络强国建设最深沉的动力源泉。

自媒体是一个典型的融合媒体，乡村自媒体传播生态是一个融合媒体新生态，与这个新生态相伴随的，是一个新秩序的诞生。正如本书中指出的，移动互联网在农村的普及，为乡村自媒体发展提供了良好机遇。随着大众传播媒介的快速发展，它们对社会生活的渗透力和影响力越来越强。尤其是社交网络平台、视频直播和短视频的兴起，自媒体内容已经成为人们日常资讯和内容获取的重要来源。习近平总书记在主持第十九届中共中央政治局第十二次集体学习时强调，推动媒体融合发展、建设全媒体成为我们面临的一项紧迫课题。伴随着乡村振兴战略的实施，自媒体使用逐渐成为乡村居民的自觉实践，如何建设好、利用好乡村自媒体，讲好乡村故事，推动乡村文化振兴，事关网络强国、文化强国和数字中国的建设实施。

随着新一轮科技革命和产业变革加速推进，数字技术所蕴含的巨大潜能加速释放，人类社会正快速步入以大模型、大数据、大算力为特征的数字时代。数字时代，媒介与社会一体同构，农村居民媒介使用的数字化转向与城市居民几乎同步进行，乡村自媒体网络文化安全既是网络虚拟空间的安全，又是整体社会安全，这也是乡村自媒体宏观媒介效果的作用基础。本书以乡村自媒体为切入，立足网络文化安全的宏观视角，导向国家治理体系和治理能力的现代化，体现媒介使用和媒介治理的社会功能，对推动城乡文化一体化和网络文化安全治理可谓意义显著。

本书内容围绕乡村自媒体传播生态特征、媒介效果和优化治理路径展开。前两章讨论乡村自媒体网络空间行为的交互反馈机制和多元演化机制，并指出对乡村自媒体传播生态而言，技术为传播提供方便，通过传播来作用于文化。作为网络传播技术，乡村自媒体是数字交往时代的新兴媒体，传播速度快、门槛低、效果强；作为网络亚文化，乡村自媒体所建构的网络文化是传统乡土文化、自然生态文化在网络空间的再现和再生产，具有去中心化、多元开放和自我认同的特征。第三章梳理当前乡村自媒体的传播生态构成，提炼出技术、用户和内容生态的无限连接、有限主动、娱乐化、模式化和区域化等特征。第四章和第五章从网络适应和网络文化安全角度出发，分析乡村自媒体如何作用于留守儿童和乡村老人的社会化。进一步考量乡村自媒体对乡村社会生活、经济增长、政治安全、意识形态安全和环境保护，乃至总体国家安全均会产生影响，指出优化乡村自媒体传播生态，构建网络综合治理体系，有助于发挥其在乡村振兴，尤其是在中国特色社会主义现代化新征程和新城镇建设中的重要作用。最后对如何优化乡村自媒体传播生态与网络文化安全治理提出了相应对策。

  在研究方法上，理论与实证相结合，既有富有洞见的理论分析，又有生动鲜活的实践案例。习近平总书记在中共第二十届中央政治局第三次集体学习时强调，"教育引导广大科技工作者传承老一辈科学家以身许国、心系人民的光荣传统，把论文写在祖国的大地上"。作者深入农村地区实地调研，字里行间流露出作者对祖国大地的深情热爱，体现着当代青年学者浓厚的家国情怀，十分难能可贵并值得推崇。

  "理论是灰色的，生命之树长青"。人类进入了一个全新的数字大航海时代，那里万物重启、时空重置，展现出前所未有的海阔天空，只有守住网络文化安全底线，在面对新一轮智能化浪潮时才能更好地准确识变、科学应变、主动求变。这也是我看了《中国乡村自媒体传播生态研究——基于网络文化安全治理视角》的直观感受。在技术中性和工具理性思维下，互联网与数字媒体理应为人所用，造福社会。如今，这本学术成果就要付样出版，为作者张苏秋感到高兴，遂作此序。祝愿他的学术道路充满阳光，期待他在此领域不断深耕，佳作频出。

廖祥忠

2024 年 5 月

自序：拥抱数字，留住乡愁

作为出生农村的八零末，我对脚下的土地有着比其他许多同龄人更为浓厚的情感。小时候，这是一种来自血液深处的热爱，长大后，就变成一种记忆深处的牵挂，那也是一种理性主义的浪漫。正因为如此，出走乡村多年，我还是决定聊一聊农村的那些人和事。当然，这恰好也响应了习近平总书记"把论文写在祖国的大地上"的号召。

中国的农村从来不缺故事，广阔的天地也为学术研究提供了许多素材。张家长、李家短，阿猫阿狗，茶余饭后，田间地头，总会有一群人说说笑笑，他们讨论的那些事，真真假假，虚虚实实，有忙碌之余的娱乐消遣，也有寓之生活的艺术戏谑，但最重要的还是所谈之事具有相当高的信息交换价值，这在信息获取渠道相对匮乏的农村非常普遍。我生长的地方也是如此，这一点给我留下深刻的印象。

直到2017年春节回去，这一切都变得不一样了。且不说新农村建设让许多熟悉的家庭遇上搬迁，退地上楼，左邻右舍被打乱重组，邻里之间的地理结构发生了巨大的变化，单单智能手机应用的普及便让人为之惊叹。拟态的交往空间正在形成，网络媒介促使乡村人口开始由线下流向线上，实现在地性向非在地性的转移。农地流转、农户上楼，农民网上冲浪的时间越来越长；低头族多了；接收的信息多了；网络文化浓了。

那一年，快手、抖音在乡村横空出世。近些年来，令我印象最深的农村居民文化生活的两大变化便是跳广场舞和使用自媒体。前者不必多说，那舞步跳起来一点也不输给城市居民，自信从容，欢乐喜庆。而自媒体正是我想说的，关键在于它给乡村文化所带来的翻天覆地的变化。小时候，村里想找一部公共电话都不容易，现如今人人自媒体，户户刷抖音。

在研究的样本期间，网络沟通、网络教育、网络购物、网络娱乐等网络应用也开始在农村快速普及。其中，以快手、抖音短视频为代表的自媒体是农村居民使用率最高、满意度最高的网络应用。

可以毫不夸张地说，网络空间已经成为乡村居民聚集、讨论、工作、休闲、生活的重要场域。除了提供丰富的信息和娱乐内容之外，短视频中的诸多乱象对于媒介素养本尚需提高的农村居民来说也会产生消极影响。一是短视频传播虚假信息问题；二是短视频展示不当行为问题；三是短视频传播错误观念问题。这些又都是移动数字时代网络空间的文化安全问题，自媒体在受众的数字交往过程中影响其思想和行为，且所有影响都是润物细无声的，隐秘性较强。网络所带来的个人主义、消费主义和娱乐主义的盛行建构着传统乡村文化和价值共识，乡村自媒体对乡村社会生活、经济增长、政治安全、意识形态安全和环境保护，乃至国家总体安全均会产生影响。

其一，与城市不同，不是大型商超夜店，而是快手抖音丰富了农村居民的"夜生活"，让农村居民的入睡时间发生了延迟。相对来说，农家有闲月，农闲时居民们早早地吃过晚饭就无事可做。有一段时间，村子里修建了广场，广场舞便传到了乡村，但是广场舞还要受到时间和空间等诸多因素的影响。一般来说，没有路灯的地方天太黑不行、下雨天不行、领舞的人没空也不行。观看短视频和消费自媒体就不一样了，只要有了网络信号，随时随地都可使用，还能服务于广场舞、在自己家里就能跟着主播跳。而且吃饭的间隙可以看抖音，睡不着觉躺在炕上、床上也可以看，关键是越看越睡不着觉，入睡时间不知不觉地就延后了。

其二，网络直播电商的介入改变了农村居民的购物方式，传统的集市正在消失。印象中每个月农历逢二的日子家乡都会有赶集，可惜现在没有了。自媒体为乡村居民提供了丰富的网购场景，有了网购，快递物流也得跟进，这又为乡村居民提供了许多新的工作机会。在南方的一些乡村，农村电商也随着自媒体的发展开始繁荣起来，网络带货带动了农产品的销售。

其三，自媒体使用频率的增加，一些特色的乡村文化便脱颖而出，名噪一时，成为网红现象。如文化遗产、自然美景、农家美食、手工艺人等等。在网络新事物的不断冲击下，传统的、经验性知识褪去它原有的魅力，那些时尚元素获得乡村受众的青睐，进一步地，传统乡村里德高望重的家族长老、宗主乡贤的作用逐渐被新的意见领袖所替代。快手和抖音上活跃着非常多的乡村自媒体用户，他们是乡土文化和网络文化融合的实践者，那些出了名的，不但在网络中成为拥有众多粉丝的意见领袖，回到线下也会成为当地的"新乡贤"，从而在村子里拥有更大的话语权。

其四，在城镇化进程的加速下，农村人口结构也产生巨大的变化。除了传统的节假日，大多数村子里只剩下留守儿童和空巢老人。印象里，空巢老人在农村不是新事物，只是现在孩子进城，与老人的地理距离相距更远了，见上一面更加困难，更不要说平日里的照顾了。留守儿童倒是新生事物，这些农村的未来长大后许多也是要离开农村的，但此时他们面临着家庭教育和学校教育的"双缺位"。除此以外，空巢老人和留守儿童都面临着数字网络和新媒介的巨大冲击，乡村网瘾少年和银发冲浪者在虚拟空间的诸多行为都缺少人文关怀，信仰缺失、信用缺失、价值缺失等网络文化安全问题格外值得关注。

早上5点，天已经大亮。S村的蔬菜大棚里已经忙碌了起来。农场的老板是市里的退休干部，举家来到村里承包了村民流转的土地，化零为整，并投资起家庭农场，建了蔬菜基地。大棚里干活的农人都是周边村庄自己土地被流转了的农户，有的除草、有的松土、有的施肥……大家干劲十足。据说，今天会有一个抖音的网红来农场做直播，老板交代大家早早地收拾下种植大棚，并多准备些摘下的新鲜蔬菜。

类似的场景在全国其他许多农村都能见到。过去，对于一辈子住在农村的那些老人而言，大城市的空气都是香的。就像法国的一句谚语"城市的空气使人自由"。孩子要是能够考上学、走出农村，最好就再也别回来。谁曾想，现在城里人倒回到乡村做起种地的交易。无独有偶，村委会的办事员小张，是镇上统一考试招录来的一位大学毕业生。据她介绍，即便在村里，网络也非常方便，想买什么镇上没有的都可以在网上解决，就算是想要逛街也可以开车去市里。回到村里，和爸妈吃住在一起，彼此有个照应，不用一个人居住在城市狭小的出租屋，还省去了租金。另外，周围也都是熟人，需要帮忙找起人来非常方便。再者，现在的农村也不是你想回就能回的。就拿她的岗位来说，那是镇上统一招考的，经过笔试、面试，二十多个人竞争一个岗位。

随着调研的深入，我也惊喜地发现，返乡潮正在某些农村悄然发生。有的是回归村地的第一代农民工；有的是毕业返乡创业的大学生；有的是投资乡村的城里人……而这些人被吸引到乡村都和网络新媒介密不可分。

在纷乱繁杂的网络新媒体应用中，短视频自媒体是最具有代表性的。关键就在于网络平台上分布着数以万计的乡村自媒体，且种类多元，内容丰富。

总之，农村已不是那个农村，农村却还是那个农村。只不过在网络媒体的支持下，村民日常的在地性交互逐渐转向网络空间的具身交互，传统的乡土人情与网络多元文化不断交织融合，城乡网络一体化、城乡文化一体化、城乡经济一体化进程得以加速发展。然而，中国城乡文化的精神内核并没有变。中国乡村正以他传统的、无比巨大的包容性接纳着网络文化。数字乡村建设中的风险与机遇并存，规避网络文化风险，优化乡村网络基础设施和公共服务，完善乡村网络治理，对于那些媒介素养较低的受众群体给予必要的关照也势在必行。某种程度上，这也是我写作的初心，我所关注的是单单从乡村自媒体发展生态看，我们需要建设一个怎样的新农村，网络文化冲击下的农村呈现出哪些特征，人与人之间交互方式的变化是关系疏远还是信任升级，数字乡建将何去何从，如何让农村还是那个农村——留住乡愁，留住记忆……通过调研思考，希望能为回答这些问题提供些许线索。

张苏秋
2024年1月于北京

摘　要

　　移动互联网在农村的普及，为乡村自媒体发展提供了良好机遇。在此背景下，本书以乡村自媒体为对象，在网络文化安全治理视角下，采用定量与定性相结合的方法，研究乡村自媒体传播生态特征、媒介效果和优化治理路径。研究发现，乡村自媒体的发展得益于网络文化的不断演化，乡村自媒体网络空间行为符合交互反馈机制和多元演化机制。对研究乡村自媒体传播生态而言，技术、传播与文化息息相关。总体而言，技术为传播提供方便，通过传播来作用于文化。乡村自媒体既是一种网络传播技术，又是一种网络亚文化。作为网络传播技术，乡村自媒体是移动互联时代的新兴媒体，传播速度快、门槛低、效果强；作为网络亚文化，乡村自媒体所建构的网络文化是传统乡土文化、自然生态文化在网络空间的再现和再生产。而这个再生产的过程离不开媒介技术，无论是叙事媒介，还是展示渠道，整个编码解码的过程和效果都要受到媒介技术的制约。乡村自媒体内容的生产就是用户使用新媒介技术的自我表露，数字和信息要素如何通过技术整合进乡村叙事，在网络虚拟空间呈现，就是乡村文化被生产并通过媒介-技术在网络传播的过程。

　　在乡村自媒体中网络文化的大众化、转文化性和集体狂欢的特征下，乡村自媒体用户和内容生态表现出相应的特征，具体表现为：（1）无限连接性：一是在传播渠道方面的无限性，多平台、共振性传播方式的盛行；二是在传播主体和受众方面的无限性，全年龄段、全国范围的人口覆盖；三是传播内容方面的无限性，多样化、多门类的内容生产和传播。（2）有限主动性：乡村自媒体消费中，消极的媒介消费行为多于积极的媒介消费行为。

(3) 娱乐性：乡村自媒体乃至自媒体中娱乐消遣相关的内容分发占据大部分。(4) 模式化：乡村自媒体市场上存在明显的头部效应，和其他众多互联网业态表现一致，呈现出明显的"头部"区域+"长尾"区域。(5) 区域多样性：受众的使用和内容偏好具有差异性，且乡村自媒体的发展与社会经济人口等要素具有相似性和一致性，地理上存在圈层效应。即乡村自媒体的普及由较发达地区向欠发达地区蔓延，逐渐形成中心—外围的圈层格局。此外，乡村自媒体的发展在地理上还表现出区域聚集的特征。

此外，从网络文化适应和网络文化安全的角度看，以乡村自媒体为代表的网络媒介有助于乡村儿童和老人的社会化发展。从网络使用偏好来看，社交和网购具有缓解青少年心理压力的效果，但青少年使用网络媒介功能的单一性也不容忽视，网络媒介上大量的学习资源和社会功能并没有被青少年有效利用。网络媒介使用对乡村老人主观幸福感的促进作用则被社会认同的遮掩效应所弱化，乡村老人对网络媒介的使用在改善其和子女家庭关系的同时，降低了其社会认同水平。进一步地，乡村自媒体对乡村社会生活、经济增长、政治安全、意识形态安全和环境保护，乃至国家总体安全均会产生影响。网络所带来的个人主义、消费主义和娱乐主义的盛行给建构传统乡村文化和价值共识及网络文化安全治理均带来了挑战。优化乡村自媒体传播生态，构建网络综合治理体系，尤其是构建并完善政府主导、全民参与的乡村自媒体网络治理体系是研究乡村自媒体传播生态的最终目标，也是以自媒体为代表的网络媒介可持续发展的根本保障。而且有助于发挥乡村自媒体在乡村振兴，尤其是在中国特色社会主义现代化新征程和新城镇建设中的重要作用。

关键词：乡村自媒体；传播生态；网络文化安全；乡村治理

Abstract

The popularity of mobile Internet in rural areas provides a good opportunity for the development of rural we media. In this context, this work uses a combination of quantitative and qualitative methods to study the communication ecological characteristics, media effects and optimized governance path of rural we media, by taking rural we media as the object, from the perspective of network cultural security governance. It is found that the development of rural we media benefits from the continuous evolution of network culture, and the cyberspace behavior of rural we media conforms to the interactive feedback mechanism and multiple evolution mechanism. For the study of rural we media communication ecology, technology, communication and culture are closely related. Generally speaking, technology provides convenience for communication and acts on culture through communication. Rural we media is not only a network communication technology, but also a network subculture. As a network communication technology, rural self-Media is a new media in the era of mobile Internet, with fast communication speed, low threshold and strong effect; As a network subculture, the network culture constructed by rural self-Media is the reproduction and reproduction of traditional local culture and natural ecological culture in cyberspace. This reproduction process is inseparable from media technology. Whether it is narrative media or display channels, the whole process and effect of encoding and decoding should be restricted by media technology. The production of rural we media content is the self disclosure of users using new media technology. How to integrate digital and information elements into rural narration through technology and present them in the network virtual space is the process that rural culture is produced and transmitted through media technology on the network.

Under the characteristics of the popularization, trans-culture and collective carnival of network culture in rural we media, the users and content ecology of rural we media show corresponding characteristics, which are as follows: (1) Infinite connectivity: first, the infinity in communication channels and the prevalence of multi platform and co-vibration communication modes; second, the infinity in the subject and audience of communication, and the coverage of the whole age group and the whole country; third, the infinity of communication content, diversified and multi category content production and communication. (2) Limited initiative: in rural we media consumption, negative media consumption behavior is more than positive media consumption behavior. (3) Entertainment: most of the content distribution related to entertainment in rural we media and even other we media. (4) Patterning: there is an obvious head effect in the rural we media market, which is consistent with many other Internet formats, showing an obvious "head" area + a "long tail" area. (5) Regional diversity: the development of rural we media is similar and consistent with socio-economic population and other factors, and there is a circle effect geographically. What's more, the audience's use and content preferences are different. That is, the popularity of rural we media has spread from more developed areas to less developed areas, gradually forming a circle pattern of center periphery. In addition, the development of rural we media also shows the characteristics of regional agglomeration.

In addition, the network media represented by ruralwe media is conducive to the social development of rural children and the elderly from the perspective of network culture adaptation and network culture security. From the perspective of online use preference, social networking and online shopping have the effect of alleviating the psychological pressure of teenagers, but the uniqueness of teenagers' use of online media function can not be ignored. A large number of learning resources and social functions on the online media have not been effectively used by teenagers. The promotion effect of the use of online media in promoting the subjective happiness of the rural elderly is weakened by the concealment effect of social recognition. The use of online media by the rural elderly reduces the level of social recognition while improving the relationship with their children's family. Further more, the rural we media will also have an impact on rural social development, economic growth, political security, ideological security and ecology environment protection, as well as the overall national security. The prevalence of individualism, consumerism and Hedonism brought about by the network brings challenges to the construction of traditional rural culture and value consensus and the security governance of the network culture. So, optimizing the rural we media communication ecology and building a comprehensive network governance system, especially building and improving the rural we media network governance system led by the government and participated by the whole people, is not only the ultimate goal of studying the rural we media communication ecology, but also the fundamental guarantee for the sustainable development of the network media represented by the we media. It also helps to give play to the important role of rural we media in rural revitalization, especially in the new journey of socialist modernization with Chinese characteristics and the construction of new-type urbanization.

Key words: Rural we media; Communication ecology; Network culture; Rural Governance

目 录

第一章 绪论 (1)

第一节 国内外相关研究的学术梳理及研究动态 (1)
一 移动互联时代自媒体概念及特征研究 (1)
二 传播生态及乡村自媒体研究 (2)
三 网络文化与网络文化安全研究 (4)

第二节 研究视角与方法 (6)
一 研究视角 (6)
二 研究方法 (7)

第三节 关键概念解释 (8)
一 乡村自媒体 (8)
二 文化与网络文化 (10)
三 网络文化安全 (13)

第二章 乡村自媒体传播生态演进的理论机制 (15)

第一节 网络文化生产扩散机制 (15)
一 复制粘贴：达尔文式遗传、修正和选择机制 (15)
二 技术迭代：间断平衡机制 (17)
三 开放多元、扩展适应与自组织 (18)

第二节 自媒体网络空间行为机制 (20)
一 交互反馈机制 (20)
二 多元演化机制 (22)

第三节 乡村自媒体中网络文化特征 (24)
一 大众化：网络文化的去中心化 (24)

二　转文化性:网络文化的多元开放 …………………………(25)
　　三　集体狂欢:网络文化的自我认同 ………………………(25)

第三章　乡村自媒体传播生态构成特征 ……………………(28)

第一节　乡村自媒体发展概况 ………………………………(28)
　　一　需求量大 ……………………………………………(28)
　　二　供给多元 ……………………………………………(30)

第二节　技术生态 ……………………………………………(31)
　　一　技术、传播与文化 …………………………………(31)
　　二　自媒体技术应用类型与功能 ………………………(33)

第三节　用户和内容生态 ……………………………………(35)
　　一　无限连接性:全民参与 ……………………………(36)
　　二　有限主动性:消极消费 ……………………………(48)
　　三　娱乐性:精神刺激与情感传播 ……………………(50)
　　四　模式化:品牌文化标签 ……………………………(51)
　　五　区域多样性:区域差异 ……………………………(52)

第四章　乡村自媒体与留守儿童和老人社会化 ……………(54)

第一节　乡村留守儿童社会化 ………………………………(55)
　　一　理论分析 ……………………………………………(55)
　　二　变量、数据及方法说明 ……………………………(59)
　　三　实证结果分析 ………………………………………(62)

第二节　乡村老人主观幸福感 ………………………………(67)
　　一　研究样本、研究方法与变量设定 …………………(69)
　　二　回归结果分析 ………………………………………(71)

第三节　网络媒介微观影响的拓展分析 ……………………(74)
　　一　回归的内生性问题讨论 ……………………………(74)
　　二　青少年网络媒介使用偏好拓展分析 ………………(75)
　　三　乡村儿童和老人自媒体使用中困难与安全问题 ……(77)

第五章　自媒体传播与乡村社会发展 ………………………(80)

第一节　自媒体对乡村经济社会发展的宏观影响 …………(81)

一　自媒体与乡村社会生活………………………………(81)
　　　二　乡村自媒体与经济增长………………………………(84)
　　　三　乡村自媒体与政治动员………………………………(85)
　　　四　乡村自媒体与乡村环境保护…………………………(86)
　第二节　自媒体网络文化安全与乡村社会安全问题…………(87)
　　　一　总体国家安全观视域…………………………………(87)
　　　二　乡村自媒体网络文化安全……………………………(89)
　　　三　乡村自媒体与乡村社会安全问题……………………(90)
　第三节　乡村自媒体与城乡文化融合…………………………(92)
　　　一　链接关系：乡村自媒体网络作为城乡文化交互
　　　　　融合空间………………………………………………(92)
　　　二　突破在地性：网络媒介与城乡人口流动……………(94)
　　　三　网络媒介与城乡文化再生产…………………………(97)
　　　四　网络媒介与城乡共同富裕……………………………(101)

第六章　乡村自媒体传播生态优化与网络文化
　　　　安全治理………………………………………………(109)

　第一节　治理体系：建构并完善乡村自媒体网络治理体系……(109)
　　　一　逻辑依据………………………………………………(109)
　　　二　治理目标………………………………………………(111)
　　　三　制度安排………………………………………………(112)
　第二节　治理策略：主动干预、积极引导和建构认同………(113)
　　　一　主动干预：提高机器识别与屏蔽作用………………(113)
　　　二　积极引导：培育积极向上的乡村网络意见领袖……(115)
　　　三　建构认同：建立乡村网络空间文化认同……………(116)
　第三节　路径选择：知识建构、话语引导、技术创新与
　　　　　开放合作………………………………………………(117)
　　　一　知识建构………………………………………………(117)
　　　二　话语引导………………………………………………(118)
　　　三　技术创新………………………………………………(119)
　　　四　开放合作………………………………………………(120)

第七章　结论与启示 …… （122）

第一节　基本结论 …… （122）
一　乡村自媒体传播生态 …… （122）
二　乡村自媒体媒介效果 …… （123）

第二节　对若干发现的讨论与补充 …… （125）
一　乡村人际信用和社会认同 …… （125）
二　家庭功能和学校教育补偿 …… （126）
三　驯化与心理疏导：青少年网络媒介使用的效果观 …… （126）
四　网络成瘾：青少年网络媒介使用的偏见 …… （127）

第三节　相应启示 …… （128）
一　营造良好的网络自媒体社会交往环境，提高社会安全与信任水平 …… （128）
二　进一步加快发展农村网络媒介，完善农村网络可供性 …… （129）
三　加强乡村居民网络新媒体教育培训服务，提高乡村居民媒介素养 …… （129）
四　细致研究乡村自媒体受众特征，扩大网络媒介溢出效应 …… （130）

参考文献 …… （132）

索　引 …… （148）

鸣　谢 …… （150）

Contents

Chapter 1　Introduction .... (1)

Section 1　Academic review and research trends of related research .... (1)
1. Concept and Characteristics Research of We Media in the Internet Era .... (1)
2. Research on Communication Ecology and Rural We Media .... (2)
3. Research on Network Culture and Network Culture Security .... (4)
Section 2　Research Perspectives and Methods .... (6)
1. ResearchPerspective .... (6)
2. Research Methods .... (7)
Section 3　Explanation of Key Concepts .... (8)
1. Rural We Media .... (8)
2. Culture and Internet Culture .... (10)
3. Cyber Culture Security .... (13)

Chapter 2　Theoretical Mechanism of Rural We Media Communication Ecological Evolution .... (15)

Section 1　Network Cultural Production Diffusion Mechanism ...... (15)
1. Copy and Paste: Darwinian Inheritance, Modification, and Selection Mechanisms .... (15)
2. Technology Iteration: Intermittent Balance Mechanism .... (17)
3. Auto-Organization .... (18)
Section 2　We-Media Cyberspace Behavior Mechanism .... (20)

1. Interactive feedback mechanism ……………………………………… (20)
2. Multiple Evolutionary Mechanisms ……………………………… (22)
Section 3　Characteristics of Internet Culture in Rural
　　　　　　We Media ……………………………………………… (24)
1. Popularization: Decentralization of Internet Culture …………… (24)
2. Cultural Transformation: The Diversified Opening of
　Internet Culture ……………………………………………………… (25)
3. Collective Carnival: Self-Identification of Internet Culture ………… (25)

Chapter 3　Characteristics of Rural We Media Communication Ecology ……………………………………………………… (28)

Section 1　Overview of Rural We-Media Development ………… (28)
1. Great Demand ……………………………………………………… (28)
2. Diversified Supply ………………………………………………… (30)
Section 2　Technology Ecology …………………………………… (31)
1. Technology, Communication and Culture ……………………… (31)
2. Types andFunctions of We Media Technology Applications ………… (33)
Section 3　User and Content Ecosystem ………………………… (35)
1. Unlimited Connectivity: Universal Participation ……………… (36)
2. Limited Initiative: Negative Consumption …………………… (48)
3. Entertainment: Spiritual Stimulation and Emotional
　Communication ……………………………………………………… (50)
4. Patterning: Brand Culture Label ………………………………… (51)
5. Regional Diversity: Regional Differences ……………………… (52)

Chapter 4　Rural We-Media and Socialization of Left-behind Children and the Elderly ……………………… (54)

Section 1　Socialization of Left-behind Children in Rural
　　　　　　Areas ……………………………………………………… (55)
1. Theoretical Analysis ……………………………………………… (55)
2. Description ofVariables, Data and Methods …………………… (59)
3. Analysis of Empirical Results …………………………………… (62)

Section 2 TheSubjective Well-being of the Elderly
          in Rural Areas ································· (67)
1. ResearchSample, Method and Variable Setting ·················· (69)
2. Analysis of Regression Results ································· (71)
Section 3 Expanded Analysis of the Micro-Influence of
          Network Media ································· (74)
1. Discussion on theEndogeneity of Regression ···················· (74)
2. Expanded Analysis of Teenagers' Internet Media Use
   Preference ································· (75)
3. Difficulties andSafety Issues in the Use of We Media by
   Rural Children and the Elderly ································· (77)

**Chapter 5 We Media Communication and Rural
            Social Development** ································· (80)

Section 1 Macro Impact of We Media on Rural Economic
          and Social Development ································· (81)
1. WeMedia and Rural Social Life ································· (81)
2. RuralWe Media and Economic Growth ···················· (84)
3. Rural We Media and Political Mobilization ···················· (85)
4. Rural We Media and Rural Environmental Protection ·············· (86)
Section 2 We Media Network Cultural Security and Rural
          Social Security Issues ································· (87)
1. The Perspective of the Overall National Security Concept ············· (87)
2. Cultural Decurity of Rural We Media Network ···················· (89)
3. Rural We-Media and Rural Social Security Issues ···················· (90)
Section 3 Rural We-Media and Urban-Rural Culture
          Integration ································· (92)
1. Linking Relationship: Rural We Media Network as a
   Space for Urban and Rural Cultural Interaction and
   Integration ································· (92)
2. Breaking throughLocality: Internet Media and Urban-rural
   Population Mobility ································· (94)

3. Network Media and Cultural Reproduction in Urban and Rural Areas ……………………………………………… (97)

4. Network Media and Urban-rural Shared Prosperity ………… (101)

Chapter 6 Rural We-Media Communication Ecological Optimization and Internet Cultural Security Governance ………………………………………… (109)

Section 1 Governance System: Constructing and Improving Rural We Media Network Governance System …… (109)

1. Logical Basis ……………………………………………… (109)
2. Governance Goals ………………………………………… (111)
3. Institutional Arrangements ……………………………… (112)

Section 2 Governance Strategies: Active Intervention, Active Guidance, and Identity Construction ……… (113)

1. ActiveIntervention: Improving Machine Identification and Shielding ……………………………………………… (113)
2. Active Guidance: Cultivating Positive Rural Internet Opinion Leaders …………………………………………… (115)
3. Constructing Identity: Establishing Cultural Identity in Rural Cyberspace …………………………………………… (116)

Section 3 Path Selection: Knowledge Construction, Discourse Guidance, Technological Innovation and Open Cooperation …………………………………………… (117)

1. Knowledge Construction ………………………………… (117)
2. Discourse Guidance ……………………………………… (118)
3. TechnologicalInnovation ………………………………… (119)
4. Open Cooperation ………………………………………… (120)

Chapter 7 Conclusions and Implications ………………… (122)

Section 1 Basic Conclusions ………………………………… (122)

1. Communication Ecology of Rural We Media ……………… (122)
2. Media Effects of Rural We Media ………………………… (123)

Section 2 Discussion and Supplements to Several
          Findings ……………………………………… (125)
1. RuralInterpersonal Credit and Social Identity ………………… (125)
2. Compensation forFamily Functions and School Education ………… (126)
3. Domestication andPsychological Counseling: the effect
   of Adolescents' Use of Internet Media ……………………… (126)
4. Internet addiction? Bias in Adolescent Internet Media Use ……… (127)
Section 3 Corresponding Revelation ……………………………… (128)
1. Create a Good Environment for Online We Wedia social
   Interaction and Improve Social Security and Trust Level ………… (128)
2. Further Accelerate the Development of Rural Network
   Media and Improve the Availability of Rural Networks …………… (129)
3. Strengthening Rural Residents' Online New Media Education
   and Training Services to Improve Rural Residents' Media
   Literacy ……………………………………………………… (129)
4. Carefully Study the Characteristics of Rural We Wedia
   Audiences and Expand the Spillover Effect of Online
   Media ………………………………………………………… (130)

References ……………………………………………………… (132)

Index …………………………………………………………… (148)

Acknowledgement ……………………………………………… (150)

第一章 绪论

移动互联网在农村的普及,为乡村自媒体发展提供了良好机遇。第六次全国人口普查结果显示,我国居住在乡村的人口约为6.7亿人,占全国总人口数的50.32%。截至2020年年底,农村地区网民规模3.09亿,约占网民整体的31.3%。随着大众传播媒介的快速发展,它们对社会生活的渗透力和影响力越来越强。尤其是社交网络平台、视频直播和短视频的兴起,自媒体内容已经成为人们日常资讯和内容获取的重要来源。习近平总书记在主持中共中央政治局第十二次集体学习时强调,推动媒体融合发展、建设全媒体成为我们面临的一项紧迫课题。[①] 伴随着乡村振兴战略的实施,自媒体使用逐渐成为乡村居民的自觉实践,如何建设好、利用好乡村自媒体,讲好乡村故事,完善乡村治理,推动乡村文化振兴,逐渐成为学界和业界关注的焦点,这也是本书研究的出发点和落脚点。

第一节 国内外相关研究的学术梳理及研究动态

一 移动互联时代自媒体概念及特征研究

自媒体概念的提出伴随着移动互联技术的发展。自媒体是普通大众经由数字科技强化、与全球知识体系相连之后,一种开始理解普通大众如何提供与分享他们本身的事实或新闻的途径(Bowman & Willis, 2003)。在

[①] 习近平:《论党的宣传思想工作》,中央文献出版社2020年版,第353页。

自媒体的定义中,也非常强调博客、论坛等即时通信新媒介手段(周晓虹,2011)。国内学者更多从自媒体的概念、特征、和传统媒体的比较方面加以阐述。如魏武挥(2013)从规模、原动力及持续性出发,指出自媒体"彰显强烈个人风格"的特征,并强调自媒体与传统媒体合作大于竞争;杨靖娇(2014)指出,中国自媒体的发展经历了个人主页、个人博客、微信公众平台、头条号媒体平台和手机短视频平台等应用阶段,自媒体强调自主性的同时兼具社交性特征;李良荣和袁鸣徽(2017)认为,自媒体本质上还是小众传播,流量和眼球是维系自媒体和关系变现的关键;杨溟(2018)则指出,社交化传播影响力带来的商业价值,使自媒体运营更多元化,呈现出专业性、组织性和商业性特征。

移动互联时代,新媒体技术加速了自媒体的整合传播进程,对传播生态产生了影响。宁海林(2018)指出,网民通过整合传播 UGC(User-Generated Content)短视频,其所创作的优秀短视频内容也可能被专业短视频平台进一步加工为 PGC(Professionally Generated Content)短视频,被传统媒体机构、视频平台再次传播,从而产生更好的传播效果。喻国明和梁爽(2017)、周勇等(2018)研究发现,基于智能媒体的沉浸式整合传播使受众拥有极大的选择自主性,更容易实现受众和传者之间的"共情与共振"。进而,陈刚和王继周(2016)将自媒体叙事视为一种更有温度的叙事方式和传播方式。

二 传播生态及乡村自媒体研究

传播生态(ecology of communication)是被用来澄清信息技术和传播形式如何在有效的环境和在与其他活动交互中运行的概念,如在某些情况下增加新的活动,或在某些情况下产生新的活动(Altheide,1994)。福勒(2018:5—7)认为,媒介生态作为一种委婉语被用以表示各种组织及基于计算机支持的协同工作中的信息角色分配,其标记的是工作场所中阶层组合及控制指令的各种微观与宏观维度的"自然"的结构过程。麦克卢汉的研究被认为是构成媒介生态学的最伟大的综合体(斯特拉特,2016:1)。正如他在一次电视采访中的回答:

> 媒介生态学是指让各种不同的媒介彼此互相帮助,这样一来它们

之间就不会互相抵消，而是一种媒介强化另一种。例如，你或许会说对于读写能力而言收音机的帮助比电视大，可电视对于语言教学则是一位极好的助手。所以，你就可以用某些媒介做一些你借助其他媒介不能做的事情。这样一来，如果你能关注整个领域，你就可以预防由一种媒介消除另一种媒介所带来的浪费。

可见，麦克卢汉把媒介生态学解释为对不同媒介技术或形态的整体性、综合性研究。然而，波兹曼把媒介作为环境研究的概念。他认为，生态学这个词意味着对环境的结构、内容以及对人的影响。媒介生态主要关注传播媒介如何影响人类的洞察力、理解力、感觉和价值观，受众与媒介的相互作用又如何激发或限制人们的生存机会（斯特拉特，2016：4）。

国内研究发现，传播生态指的是信息技术的结构、组织和易接近性，其基本框架是信息技术、传播范式和社会行为（邵志择，2003；吴志文和张茧，2006）。广义上的新媒介传播生态既包括完全基于计算机和网络虚拟形态的新媒体数字化传播，也包括传统媒介借鉴、运用新媒介传播手段来寻求变革的融媒体化传播（王源，2020）。从生态位规律看，任何一种媒体都必然有其生存和发展的条件，以及它在这一状态下的特有行为和作用（邵培仁，2001）。因此，结合拉斯韦尔的"5W"模型，自媒体的传播生态包括传播者、传播内容、渠道媒介、受众和效果五个方面。已有的研究大多集中在自媒体受众生态和传播效果方面。

首先，自媒体带来公民参与的改变，具有"赋权功能"，从实质上赋予了普通大众话语权，改变了受众与内容、媒介、社会之间的关系。韩少卿（2018）认为，在城市精英自媒体的示范效应、乡村生活的情感纽带以及市场经济的利益驱动下，自媒体逐渐在乡村普及。自媒体发展对改善乡村治理、解决农村信息获取能力不足等难题具有重要作用（万宝瑞，2015）。自媒体削弱并分享了传统媒体的媒介权利，打破了管理者的严格管制，降低了"横向传播"与"网络结社"的成本，更有利于促成集体行动（潘祥辉，2011），在此意义上发展乡村自媒体、培养乡村意见领袖（方惠和刘海龙，2018），有利于实现乡村舆论监督和乡村治理。但也有研究发现，自媒体的受众生态重构过程中，产生了媒介接近权滥用、受众隐私权和知识产权破坏等问题（张燕，2009；周文斌，2018）。在乡村自媒体研究中，更是发现内容、模式创新和价值导向方面的问题（韩少卿，

2018）。李良荣和袁鸣徽（2017）进一步指出，在商业逻辑驱使下，一味地迎合粉丝的自媒体实际上为用户搭建了一个信息茧房，使人们变得眼界狭隘，观念固化。

其次，乡村自媒体对乡村发展的影响涉及社会、文化及经济等方面。例如在教育方面，国内学者侧重于自媒体对大学生思想政治教育的应用（王一岚，2018）；在乡村经济发展方面，自媒体基于视频技术的乡村影像传播，针对本土化和多元化，对某一乡村形象的建构，唤起了受众的文化认同，吸引资本和劳动力向乡村流动（孙卫华，2016）；在乡村文化传播方面，媒介影像将文化融入空间景观中，并通过文字、视像、声音等手段予以描绘，可以帮助人们构建其对无法切身触及的地域的认知（邵培仁等，2009）。总之，电视、互联网、手机等现代媒介对受众日常生活、价值观念和文化习惯产生重要影响（沙垚，2015），某种程度上是对乡村生活社会面貌的重构（隋岩，2015）。自媒体时代信息生产方式的改变给社会带来的影响是全方位的，无论是政治生态、社会关系、经济形式的改变，还是社会心理、社会情绪的变化，都与传播主体极端多元化的信息生产方式密切相关（隋岩，2018）。

近来研究还发现，受众越来越倾向于去影像内容相关的地方旅游（Beeton，2010；Shao et al.，2016），乡村自媒体的影像再现可以向数以万计的观众展示目的地的详细信息，创建第一印象或在相对较短的时间内改变观众已有的印象（Hudson et al.，2010；Hahm et al.，2011），从而产生媒介朝觐现象（库尔德里，2016；雷霞，2017），促进了乡村旅游业的发展。这些研究拓展了自媒体传播的产业生态。

三 网络文化与网络文化安全研究

网络文化安全和文化信息安全既相互联系，又相互区别。网络文化安全主要是指网络作为一种文化生态整体的系统性安全，其核心是文化信息安全（胡惠林和胡霁荣，2019：438）。借助某种媒介而不是面对面交往进行的文化传播日益兴盛，使得各界对大众社会的出现予以关注，网络社会也是在网络媒介发展的逻辑和实践中逐渐得到普及。根据中国互联网络信息中心发布的第52次《中国互联网络发展状况统计报告》统计，截至2023年6月，中国现有网民10.79亿人，互联网普及率达76.4%。网络文化安全关乎人民的安全和广大群众的切实利益。正如习近平总书记所说："网络安全和信息化是事关国家安全和国家发展、事关广大人民群众工作生活的重大战略问题。"[①]

网络文化是文化本身以网络的形态存续和发展，依托于网络虚拟空间存在（王璐，2014）。越来越多的学者认为，网络文化安全属于国家文化安全范畴，网络文化安全治理体系是国家治理体系和治理能力现代化建设的一部分，如徐龙福和邓永发（2010）、江陵（2015）、单美贤等（2017）等。胡正荣和姬德强（2017）认为，网络文化安全即网络上文化内容的安全，具体包含意识形态、传统文化和伦理秩序三个层面的规范性。解学芳（2013）指出，网络文化安全治理体系包括强化网络文化安全意识、培养网络文化安全监管理念和健全网络文化安全体系。实际上，除了网络文化内容之外，网络文化生产方式、网络文化传播渠道和网络文化主客体之间的互动与影响共同构成了网络空间复杂的文化生态，这些都是网络文化安全的重要内容。陈浩然和管媛媛（2017）提出的网络生态文化安全整合范式，是以生态系统理论将网络系统中的人的因素、技术因素和环境因素整合在一起建构的网络文化安全新范式。在此范式下探索网络文化安全问题，就是将"受众—网络—机构"作为一个有机整体加以研究，系统分析网络文化内容的生产、传播、影响与规训等。

近年来，我国网络文化生态正呈现出一些新特点。一是网络文化环境趋向良性生长。伴随中央对网络信息的高度重视，以习近平总书记为组长的中央网络安全和信息化领导小组成立，2018年改名为中国共产党中央网络安全和信息化委员会。网络文化建设以前所未有的力度展开，网络文化建设的顶层设计得以加强，网络文化逐渐回归理性，逐渐从言论空间走向生活消费空间。尤其随着净网行动等一系列有效管理措施的实施，我国网络文化环境整体向上向好发展。二是自媒体越发兴盛，原创力活跃，这与微博、微信以及抖音等网络社交媒体的广泛应用有直接关系。越来越多的人开始关注公共账号，甚至开始拥有个人公共账号，随之而来的便是自媒体生产内容的大幅增加，人人皆为传者，人人皆为文化的创造者和引领者。在移动互联时代，这种文化的生产和传播相较从前更加迅速和便捷，

[①] 《总体国家安全观干部读本》编委会：《总体国家安全观干部读本》，人民出版社2016年版，第147—148页。

再加上人际传播的高效度，网络自媒体所生产的内容有时更容易对网络文化产生影响。三是网民受众年龄、性别、户籍等分布范围广，乡村受众逐渐增加，青年网民群体活跃度高、可塑性强，在当前的网络文化环境中，青年网民是最具有可塑性和未来潜在影响力的群体。

但是，伴随我国网络媒介技术和网络文化整体上的积极健康发展，一些不良网络文化现象仍时有发生，给我国网络文化安全治理带来了前所未有的考验：一方面，随着移动互联网快速发展，越来越多的网民实现了自我赋权，网上表达更加普遍，针对当前转型期出现的一些社会问题，部分别有用心之人利用民众的利益诉求进行造谣传谣，试图扰乱社会舆论、制造负面舆情；另一方面，全球化进程加速演变也使得全球互联网连接更加快速便捷，多元化网络文化的出现创新了意识形态塑造、表达、传播的手段，同时多元价值观也在一定程度上削弱社会主义主流价值观的影响。种种迹象表明，厘清网络文化传播生态特征与治理逻辑不仅关系中国网络文化繁荣与安全，更是建设风清气正、积极向上的网络文化空间的必然选择。

第二节　研究视角与方法

一　研究视角

基于网络文化安全治理视角的乡村自媒体传播生态研究是想要兼顾自媒体传播生态的技术逻辑和文化逻辑，从网络媒介所建构的网络文化语境特征及影响来探索乡村自媒体传播生态，从而为乡村治理、网络文化安全治理提供借鉴，进一步服务于推动乡村振兴战略实施和国家治理能力现代化。

此外，网络文化安全是非传统文化安全问题，属于总体国家安全观范畴。与以往把文化安全问题放在政治、经济和社会安全的背景上谈不同，非传统文化安全研究考虑将文化安全与经济安全、生态环境安全、公共卫生安全等方面单列出来，用开放的视野去讨论安全问题（潘一禾，2007：2）。换言之，从网络文化安全治理视角来研究乡村自媒体传播生态关乎信息安全、网络文化传播安全、方言和地方性文化安全等，对提高人们文化生活质量具有较大指导意义。

再者，文化研究的视角反映的是研究对象即文化的复杂性和多义性品质，主要通过三个已有的模式进行：（1）基于生产的研究，关注的是文化内容的生产过程以及对于文化内容的争夺过程。（2）基于文本的研究，关注的是文化产品的形式。（3）对活生生文化的研究，关注的是再现（鲍尔德温等，2004：43）。因此，从网络文化安全研究的视角分析乡村自媒体传播的生态特征、机制路径以及影响效果也大致遵循以上三个模式，包括网络人文的生产演化、内容形式和再现。根据格尔茨的科学文化现象学，应当充分意识到网络文化系统的高度复杂性，回到网络文化"原始明见性世界"，即回到网络文化现象和网络文化行为本身，通过深描的方法揭示网络文化各要素的互动机制（李清华，2012）。具体包括：网络意义世界中的符号系统对特定组织、世代用户的观念、气质及情感的塑造作用；网络符号系统对用户行为、态度、习惯等的规范和制约作用；网络符号系统与政治、经济发展之间的复杂关系；等等。

二 研究方法

乡村自媒体传播生态的研究既是传播学、媒介研究的范畴，又是社会学、经济学深切关注的话题。因此，在研究方法上，本书从跨学科出发，采取定量与定性相结合的方法。具体包括：第一，在相关概念的界定、网络文化扩散机制和乡村自媒体内容生产语境上，采用归纳演绎的方法，即在对国内外文献梳理的基础上，总结现有研究的共性与不足，结合历史经验和理论推导，对乡村自媒体、网络文化等相关概念的定义、内涵以及机制加以说明；第二，在网络文化和乡村自媒体传播生态特征分析上，主要通过文本研究、田野调查和重点访谈相结合的方法，深入具体乡村，以村民为样本，搜集整理一手资料和第三方报告，据此梳理乡村自媒体传播的惯例和内容特征；第三，在乡村自媒体传播的微观媒介效果和宏观效果上，主要借鉴统计学和计量经济学的定量分析方法，选择公开可获得的调研数据，建立相应的数学回归模型，进行实证检验。

此外，还涉及文化现象学的具体研究方法。梅洛·庞蒂的文化现象学构建是以"身体在世绽开"为思路，以身体表征为总体，采取一种视域融合的策略，文化也就是存在的意义在历史中的展现与降临（岳璐，2015）。正如许茨在《社会实在问题》中所描述的：

> 一开始就是一个主体间际的文化世界。它之所以是主体间际的，是因为我们作为其他人之中的一群人生活在其中，通过共同影响和工作与他们联结在一起，理解他们并且被他们所理解。它之所以是一个文化世界，是因为对于我们来说，这个日常生活世界从一开始就是意义的宇宙，也就是说，它是一种意义结构。我们若想在其中找到方位，并且与它达成协议，我们就必须解释它。……所有各种文化客体——工具、符号、语言系统、艺术作品、社会制度，等等——都通过它们的起源和意义回过头来指涉以往人类主体的各种活动。……如果我不求助于产生文化客体的人类活动，那么，我就无法理解这个文化客体。（许茨，2001：36—37）

类似的，格尔茨在《巴厘的人、时间和行为：一则文化分析》中把巴厘人的日常生活世界定义为"主体间际的文化世界"（Geertz，1966：8）。本书借鉴其做法，从文化现象学方法出发，用深描的方法对乡村自媒体所建构的网络文化生态空间中的新现象加以总结归纳，并结合案例分析，补充说明。

第三节 关键概念解释

一 乡村自媒体

自媒体是在移动互联网络快速发展的背景下涌现出的新概念。如上所述，自媒体是普通大众经由数字科技强化、与全球知识体系相连之后，开始理解普通大众如何提供与分享他们本身的事实或新闻的一种途径（Bowman & Willis，2003）。在自媒体的定义中，也非常强调博客、论坛等即时通信新媒介手段（周晓虹，2011）。在国外文献中，普遍用"we media"来表述自媒体。直白地翻译成中文，即"我们媒体"。由此看出，自媒体有着群体的意涵，而不仅是单个个体的媒体实践。自媒体为传播群体的形成提供条件，互动特征、共同的偏好、同一目的、类似的社会背景是某一群体成为自媒体群体的基础（Linyu，2016）。另外，从媒介分析的视角出发，自媒体是将我们本身作为人的具身视作媒体，强调人的物质性和主观能动性，借用人的身体来进行信息生产或传播。因此，在自媒体的语境下，个人既是信息的接受者，又是信息的生产者，同时还可能是信息的传播者。

早期，丹·吉尔摩（Gillmor D.，2004）用"we the media"来形容当下公民参与新闻生产，认为从20世纪大众传媒结构转向更深刻、更草根、更民主的现代传媒，受众不仅仅是一个信息消费者，更是一个信息生产者。他指出：

> 新闻是由有话要说、有表演"要做的"普通人制作的，而不仅仅是由传统那些决定历史初稿面貌的"官方"新闻机构制作的。这一次，历史的初稿的一部分是由观众撰写的。这是可能的——是不可避免的——因为互联网上有新的出版工具出现。（Gillmor，2004：2）

吉尔摩是最早明确提出自媒体概念的学者，从他的表述中不难看出，他十分强调互联网媒介的作用。他所说的自媒体是在互联网媒介时代出现的，自媒体内容的生产、传播均离不开互联网的帮助。在互联网或数字技术帮助下，传播由印刷媒介的一对多，电话媒介的一对一，到现在我们可以任意一对一、一对多或多对多地进行传播。

乡村自媒体是网络媒体新的组成部分。网络成为农村居民生活交流与沟通的一部分，手机成为农村居民必备的通信工具，微信抖音等网络社交软件被装进他们的手机，是乡村自媒体迅速发展的前提。陈静和万芳（2019）将乡村自媒体定义为记录农村的风土人情、自然风光等，具体使用文字、图片和视频的形式将这些内容在自媒体平台进行传播。那么，乡村自媒体针对的是乡村这么一个群体性组织。李冠源（2021）也指出，农村自媒体作为自媒体的一个重要分支，是新时代背景下"新农人"积极运用网络媒介来传播乡土文化、发展农村经济、实现情感表达的重要途径。从传播或运营主体看，乡村自媒体的运营组成相对简单，发布主体多为回乡创业青年和新型农村人；从传播内容和形式看，乡村自媒体植根于农村本土特色，取材于真实生活，以"图文+短视频+直播"的形式发布当地的民俗风情、美食特产、人文景观等，内容原创度高，运营者对发布的内容更具有自主权，受到的各种限制也相对较小；从传播动机或效果看，乡村自媒体通过网络上积累的粉丝流量获取经济收益和社会效益，是一种文化现象，如推广乡村特色，衍生出美食品牌、特色农副产品、旅游胜地等多条产业链（安汝颖，2019）。

乡村自媒体依托现代数字通信技术，具有自媒体标准的分享和链接的特性。王一岚（2019）从媒介逻辑的视角出发，认为县域自媒体生命力强，对县域的新闻资源进行组合和整合，其多样性、选择性以及强互动性远胜于此前的大众传媒，在融入县域社会实践的过程中，自媒体传播效果较好，一定程度上解决了城乡居民"群体失语"问题。王栋（2021）从文化生产的逻辑视角出发，指出参与文化创作已成为创作者参与社交、自我表达、寻求认同的重要手段，乡村自媒体使农村群众自发参与媒体文化内容创作，传播的主动性增强。

综上所述，借鉴廖祥忠（2008）对新媒体的定义："'以数字媒体为核心的新媒体'——通过数字化交互性的固定或移动的多媒体终端向用户提供信息和服务的传播形态。"同时，考虑到自媒体即时通信、实时交互、传播范围广、使用门槛低等特征，本书倾向于将乡村自媒体定义为"以网络媒介和乡村文化为核心传播内容的新媒体"——乡村居民使用的或通过移动网络终端传递乡村人物、风情、文化等"三农"相关内容和服务的新型传播形态。这样就在定义上兼顾自媒体传播生态中的技术逻辑和文化逻辑，将乡村自媒体的传播技术和传播内容相结合，既考虑到移动互联时代乡村自媒体生存的网络媒介环境，又考虑到乡村自媒体作为网络新媒体所建构的网络文化属性。同时，这也为从网络文化安全治理视角研究乡村自媒体传播生态提供了方便。考虑到当前中国乡村社会结构的特殊性，在分析乡村自媒体媒介效果时又将研究对象缩小，重点关注网络对乡村居民尤其是乡村留守儿童和老人的影响。

二 文化与网络文化

文化在大多数时候都被认为是躺在书本里的生硬概念，但随着社会的发展，尤其是随着人们对高质量精神文化生活需求的增加，文化生产、文化消费、文化生活等与文化相关的概念和实践越来越引起人们的注意。以自媒体等互联网媒介为代表的网络文化样态不断更新，传播不断深入，更是引起人们对文化的关注。

实际上，文化的概念由来已久。泰勒认为，文化可以理解为一个复杂的整体，其内部包括知识、信仰、艺术、道德、法律、风俗，以及作为一个社会成员的人所获得的任何其他的能力和习惯（Tylor，1958：1）。亨廷顿（2010：9）从文化的功能出发，认为文化指一个社会中的价值观、态度、信念、取向以及人们普遍持有的见解。费斯克（2003：62）则认为，文化是感觉、意义与意识的社会生产与再生产。但若以文化为分析性概念，不可能仅用一个定义解释所有此类问题。正如威廉斯（2005：107）指出的，文化的意涵既具有人类学上物质生产的意涵，又具有文化研究中艺术与知识上象征或表意生产的内涵。根据威廉斯（2005：106）的描述，文化具体具有三大类别：（1）独立具体的名词——用来描述关于知性的作品与活动，尤其是艺术方面的，包括音乐、文学、绘画、雕刻、戏剧与电影；（2）独立的名词——不管在广义或是狭义方面，用来表示一种特殊的关于一个民族、一个时期、一个群体或全人类生活方式；（3）独立、抽象的名词——用来描述18世纪以来思想、精神与美学发展的一般过程。正如鲍尔德温等（2004：7）在著作《文化研究导论》中描述的：

> 莎士比亚的一部戏可以被看做是一篇独特的文化作品（第一种意义上的带有大写的"C"文化），也可以被看做是一种特殊的（英国）生活方式的产物（第二种意义上的作为一种生活方式的文化），还可以被看做代表了文化发展的一个特定阶段（第三种意义上的作为过程和发展的文化）。摇滚乐可以通过考察它的演奏者的技巧而进行分析（第一种意义上的文化），也可以根据它与20世纪50年代末60年代初青年文化的关系来分析（第二种意义上的文化）。同时，作为一种音乐形式，我们也可以通过寻找摇滚乐在其他音乐风格中的起源及看它对后来音乐形式的影响来分析它（第三种意义上的文化）。

与此类似，从词性上看，文化具有名词和形容词双重意涵。名词的文化系指某一类群体或社会组织共同的价值观、惯习、行为的集合。例如传统文化，中国文化，西方文化等。形容词的文化指向具有某一类型化特征的存在，即具有艺术的、资讯的或人类学意涵的独立名词（威廉斯，2005：109），包括设施、场所、景观等，例如文化人、文化乐园、文化活动等。且正如其早期用法一样，不论是从哪种词性看，文化一词始终强调"过程"（威廉斯，2005：102），尤其是人类物质和精神发展中抽象而来的普遍过程。

进一步地，鲍尔德温等（2004：16）指出，文化是一个永不停息的社会地创造意义的过程，它会适应、变化和变异成新的形式。因而，在文化不断发展演化的过程中就出现了传统文化和非传统文化之分。传统文化是在新民族运动中诞生的概念，有着时间存续上的相对性，被认为是可以一代一代向下传递的知识或习俗。相较于传统文化，非传统文化又叫流行文化或大众文化。流行文化可以被视为"成群的人听它们、买它们、读它们、消费它们，而且也似乎尽情地享受他们"（陆扬和王毅，2001：47）。由此看出，流行文化在特征样态上更契合现象学的研究。但凡能够流行起来的文化样态，必然是具有大量的受众基础，并且在当下社会普遍存在。乡村自媒体所建构的网络文化现象符合流行文化的这一特征。首先，乡村自媒体拥有规模广大的受众；其次，当下社会中基于乡村自媒体的文化生产、传播、消费实践普遍存在。

简单地说，网络文化是指网络上具有网络社会特征的文化活动及文化产品（徐少华，2021）。网络文化既是流行文化，又是具有广泛受众的新兴文化。然而，一种被广泛接受和有代表性的文化形式远不是普遍的，而是与处在某个特殊时刻的特定群体有关的（鲍尔德温等，2004：13）。威廉斯（2005：109）将"一种可以辨识的小型团体之文化"定义为亚文化。网络文化或网络亚文化就是在这样的语境下提出的。在网络媒介发展之初，其用户规模较小，因此网络文化常常又叫网络亚文化。

实际上，网络文化就是网络空间的文化。胡惠林（2016：312）认为，网络文化是人们基于一种新社会生存方式所建构起来的价值观念共同构成的文化生态。因此，它既是现实社会文化在网络空间的表现和表达，又是一种在现实社会中不完全一样的交往原则和价值取向。陈曦和李钢（2013）则将网络文化视作一种制度现象，认为网络文化形成于虚拟社会中人与人、信息与信息之间的交互作用，是虚拟社会中的主体通过行为交互而形成共识，是虚拟社会自发而成的秩序。

归根结底，网络文化的生产主体与传播主体是广大网民，即网络工具的使用者。在文化系统的耦合网络中，人的需要产生了文化，是文化输入（龙叶先，2017）。网络文化是广大网民的行为习惯、价值观念、社会信仰、关系资本在具体网络空间中的集中体现。因此，受网民个性化的影响，网络文化具有多样化特征，不同的网民社群决定不同的网络文化。从地理区域看，不同国家或地区的社会制度、意识形态，以及价值信仰之间的差别会产生不同的网络文化，这也就构成了网络文化的多样性。

网络文化还应当兼具文化的名词性和形容词性的双重解释。杜赞奇在《文化、权力与国家》中谈及"权力的文化网络"时，认为文化一词是指各类关系与组织中的象征与规范，这些象征与规范包含着宗教信仰、相互感情、亲戚纽带以及参加组织的众人所承认并受其约束的是非标准（杜赞奇，2020：9）。这里被用作形容词性的文化，恰恰被用来指涉名词性的文化关系。那么，网络文化除了意涵网络空间的文化之外，还可以指涉与某个特定组织内或具有相似文化特征的不同组织间的关系，即网络文化的网络。因此，网络文化往往与文化网络相勾连，在网络文化的含义里，文化一词兼具名词性和形容词性。故而网络文化相关研究的组成中常常会包括网络消费文化、网络亚文化、网络文化传播、网络文化安全等课题。

此外，网络文化也是长期保持着一个动态发展的过程。文化是作为系统存在于意义世界中，这些系统包括宗教、常识、意识形态、艺术等。在系统与系统、系统与子系统以及系统各要素之间，存在着错综复杂的关系，决定了文化系统是一个开放而非封闭的系统（李清华，2012）。网络文化还是一个客观存在的且有"耗散结构"（张兴奇和顾晓艳，2012）性质的复杂开放系统，受社会、经济、文化、技术等诸多方面的影响，反过来也影响着社会、经济、技术等。网络文化系统的开放性使网络文化不断与外界存在（社会、经济、技术等）交换物质或内容，始终保持着动态发展的水平。

三 网络文化安全

网络文化安全是在互联网平台巨大重构力的基础上，衍生出的覆盖于文化艺术创作生产、传播与消费全过程、全要素的文化安全，属于新兴的非传统安全领域（廖祥忠，2021）。捍卫网络文化安全，核心任务是明确互联网时代维护本国本民族文化主权的途径、筑牢互联网时代执政党意识形态的阵地、满足互联网时代人民群众健康精神文化生活的需要（胡惠林，2016：2）。

网络文化安全内容可细分为以下四大方面：一是在政治安全方面，应牢固树立"四个意识"，坚决做到"两个维护"，把加强党的领导贯穿于网络文化建设的全要素、全过程、全方位，确保党的领导贯到底纵到边，确保网络阵地安全、可靠（姚伟钧和彭桂芳，2010）。二是在文化安全方面，应自觉传承和弘扬中华优秀传统文化、革命文化和社会主义先进文化，确保网络文化生态积极健康有序，确保网络文化内容营养丰富、正能量充沛（潘一禾，2007：28）。三是在价值观安全方面，应积极培育和践行社会主义核心价值观，把社会主义核心价值观融入网络文化建设各方面，转化为广大网民的情感认同和行为习惯。四是在网络空间主权安全方面，应坚决维护网络空间的管理权，打击境外非法势力网络犯罪和图谋，积极开展对外合作，营造人类网络文化安全共同体。此外，网络文化安全的内涵还可从其他角度予以分析和解读，如技术、伦理、法律、金融等角度下网络技术保障安全、网络文化伦理安全、网络个人隐私保护、网络立法执法、网络金融诈骗等（宋红岩和汪向红，2016）。

综上，互联网、移动互联网的技术赋能和全面渗透，深刻改变着传统文化艺术的创作生产、传播交流和消费接受，也催生出新兴的文艺样态，形成了全新的网络文化景观。网络文化丰富了人民群众的精神文化生活，但不友好、不健康、不文明的网络文化对国家主权空间、意识形态、法律法规、道德伦理和价值观引导带来安全隐患，衍生成为非传统安全领域，对总体国家安全产生威胁。乡村自媒体网络文化安全的核心是意识形态安全，其网络安全问题符合总体国家安全的一般规律。乡村自媒体网络平台是载体，文化是核心，网络文化安全的关键是网络空间中村民的意识形态安全。

最后，需要说明的是，在移动互联时代，媒介受众身份和权力发生了变化，传统受众的概念已经不太合适，有人提议用"用户"一词来描述网络受众更合适，本书为了研究和写作的方便，不做特殊的辨析。在相应的部分，有的使用了"受众"，有的使用"用户"，有的使用"网民"等，若没有特别说明，均作媒介的使用者来理解。

第二章 乡村自媒体传播生态演进的理论机制[*]

胡塞尔指出，世界上不止一个自我或主体，在自我之外还有多个其他主体或他我，自我与他我总是相关的，共同构成一个主体间性的世界。这种主体间性就是主体与主体之间的关系性、连续性，任一主体都处在相互联系的关系网络之中，没有优先性（杜靓，2021）。现象学家许茨进一步认为我们所生活的世界是主体间际的文化世界，因为我们作为其他人中间的一群人生活在其中，相互连接在一起，相互理解与被理解（许茨，2001：36）。换言之，主体间际提供了一个新的研究视角，将研究者和研究对象看作是相互生成、相互内在和相互依存的关系（赵晓荣，2013）。借鉴主体间际的概念逻辑，网络世界更像是一个主体间际的文化世界，即网络文化的创新者、传播者以及追随者的集合。乡村自媒体赖以存续的网络世界正是这样一个典型的主体间际的世界，厘清网络文化的生成扩散机制是全面审视乡村自媒体内容生产语境的基础。

第一节 网络文化生产扩散机制

一 复制粘贴：达尔文式遗传、修正和选择机制

从网络媒介内部看，网络文化生产演化是一个达尔文式的遗传、修正

---

[*] 本部分主要内容已发表于《中国文化传播》2022年第1辑，原名为《网络文化传播生态：缘起、特征与治理》。

和选择过程。即网络文化在网络空间内经历着被生产、再生产的不断演化的过程。实际上如上所述，文化一词始终强调"过程"，尤其是人类物质和精神发展中抽象而来的普遍过程。鲍尔德温等（2004：16）也指出，文化是一个永不停息的社会地创造意义的过程，它会适应、变化和变异成新的形式。

网络媒介的开放性和低成本促成了网络文化生产的复制粘贴。网络文化表现在互相联系的网络文本中，而这些文本被不同的网络用户分别阐释，并形成网络亚文化。这个过程中，用户之间的互动会不断地证实、修正、拒绝，用户自身的文化语境也会随之改变，因为不同用户会把产生于他自身文化的先理解或前理解带进网络文本中。前理解激活了网络文化阐释的过程，且它本身也在阐释中受到影响，产生"诠释的循环"（鲍尔德温等，2004：37）。可见网络人文生产的主体仍然是人，是人在网络空间的主体行为建构了网络文化。如同现实社会中的文化生产一样，网络文化在其自身网络空间内便可以实现生产迭代的过程。网络上的信息内容即文本以数据的形式存储在磁盘或云端装置中，作为网络文化的记录和初始生产材料被置于公共网络空间，方便网络用户选择、接收、查阅、加工与转发，而这些内容一经发布便又成为用于网络文化生产演化的中间产品。

正如洛根（2019：88）在《什么是信息：生物域、符号域、技术域和经济域里的组织繁衍》中所述：

> 如果我们把每个人的文化视为有机体，那么，我们就可以认为，如果儿童习得类似于父母和其他文化同种个体的语言，文化就完成了一次自我复制。但由于受同龄人的不同影响，儿童对父母的文化就做了修正。

网络文化也是一个有机体，数字存储和传输技术串联人的网络行为，在网络空间以达尔文式的遗传、修正和选择机制进行复制粘贴，完成网络文化的生产和演化。遗传即复制，修正即发明，选择即被其他人"捡起来用"。这种研究文化进化的进路其实是以模因概念为基础的新达尔文主义。模因是道金斯用来替代自私基因以证明达尔文主义的新的复制因子，是一个文化传播单位或模仿单位（萧俊明，2009）。构成文化的行为模式都是模因，网络模因类似于人体的遗传因子，是网络文化的复制器，经过复制、变异、选择而反复演化。考夫曼研究语言要素的再生产而提出催化闭合机制，即语词互相催化产生新的语词。文化的传播与之类似，网络文化通过模因传播而向某种形式进化。

二　技术迭代：间断平衡机制

从网络人文外部看，媒介技术进步为网络文化生产演化提供了外部动力。正如伍兹（1989：3）所指出的，内部发展的变迁通常是源自发现或发明，而外部发展或接触的变迁，一般源自借用或传播。从内部发展变迁看，网络媒介技术是构成网络文化的物质机制，加速了网络文化发展变迁；从外部发展变迁看，网络媒介技术为网络空间和现实空间的信息勾连和文化交互提供了渠道。如基特勒对电影、留声机、打字机和计算机软件的研究，西格特对邮政系统的研究等，都强调了不同媒介技术的传播功能。网络媒介技术构成网络文化的话语网络，使某一给定文化能够选择、存储和处理相关数据的技术与机构网络（胡新宇，2021）。这个话语网络以技术的物质形式对网络人文进行展示，使文化的非物质性具体化，进而使网络用户能够感知到多元网络文化。数字技术驱动着当代文化的裂变，重构和发展了新的审美和文化认同（曾一果和毛佳佳，2021）。

网络人文的生产演化还伴随着颠覆性媒介技术迭代。颠覆性技术即破坏性技术，是指时间尺度上人类工具的突然而间断的变革（洛根，2019：163）。在所谓的技术域时间尺度上，颠覆性技术的时间尺度是相对短暂的。它总是对应着新技术时代，若干新技术利用颠覆性技术而使旧技术过时。因此，颠覆性技术形式是间断平衡的完美例证。这些技术演化的间断恰恰说明远离平衡态的水平会突然冒出来，与混沌的非线性动态系统分道扬镳（洛根，2019：164）。这个技术迭代过程也就是网络文化不断演化的过程，还可以用耗散结构理论解释。

普里戈津提出的耗散结构理论是开放系统在远离平衡态条件下，发展过程受外界物质流和能量流交换的影响而发生突变，导致新的结构生成和整体有序度增加，网络文化就是在非平衡态的基础上，通过突变形成有序度极高的新结构（虎佳琦等，2016）。进一步地，张兴奇和顾晓艳（2012）提出一个文化系统倘使从无序状态向有序状态过渡，必须满足以下耗散结构条件：（1）系统必须是开放的。因为开放的系统才能与外界进行物质和能量交换，孤立的系统不可能产生耗散结构。（2）系统处于远离平衡态。只有处于远离平衡态时，系统才会从一个不稳定的无序状态通过涨落形成新的有序结构。（3）系统内部诸要素之间存在非线性协同作用。（4）涨落导致有序。从网络媒介技术发展的时间轴看，无论是3G、4G、5G技术，还是大数据、区块链、人工智能等，网络媒介一直处于频繁的技术迭代过程中。移动互联时代，摩尔定律所描述的处理器性能每隔两年翻一倍的更新速度不但没有减缓，反而更新得更加迅速。这就意味着，网络文化时刻处于媒介技术间断下的远离平衡态，而这样一种非平衡态向平衡态的演进即间断平衡，也就是网络文化演化的外在技术动力机制。

三 开放多元、扩展适应与自组织

正如文化的概念中所展示的，文化生产是一个持续不断的动态过程，自媒体所存续的网络文化语境也是一个动态演化的有机体。特别的是，这个网络文化有机体具有自我繁殖、自我进化的自组织结构特征。系统论认为结构即系统内各个要素不同的作用方式和组合方式产生的动能，动能进而产生增效的逻辑，增效就是动力机制的结果（陈才力和祝小宁，2021）。因此，从网络文化的生产演化动力机制看，网络文化有机体具有自组织结构。网络是社会公共性的产物，形塑网络文化有机体组织结构的深层机理是人际关系的交互性。在网络文化演化的过程中，外部环境并不存在具有指向性的干预，网络文化是由网络空间自发自觉的交互行动交织而成的系统。网络人文有机体作为一个自组织系统，是嵌于网络自组织系统的基本单元，始终保持与外界环境物质能量和信息的交换，并不断促进网络文化有机体的发展。

多元性和共生性是网络文化有机体演化的结构基础，而且多元文化不可避免地同处于一个共同开放的网络空间中，具有较强的邻接可能性。如图2-1所示，在达尔文式遗传、修正、选择机制和间断平衡机制的共同作用下，多元网络亚文化经过复制粘贴和技术迭代最终形成具有共同体式自组织结构的网络文化有机体。文化研究中，结构主义将文化定义为能够催化自我繁衍的思想、信念和知识的系统（Kauffman，1995：49）。与结构主义强调固定的文化模式不一样的是，网络文化自组织结构是在达尔文式遗传、修正和选择机制和间断平衡机制的双重作用下逐渐形成的动态结构，并在多元文化共同交互的过程中不断扩展、适应以至共生。一方面，网络文化的自组织结构接近于海尔斯的自组织范式，这个范式不存在信息，或者说，信息深深地沉入系统里，难以和界定系统的组织属性区分开来。另一方面，网络文化自组织又是格尔茨科学文化现象学中的文化系统。这是一个埃德加·莫兰意义上的自组织系统，文化也如同生命系统一般，具有"自我控制""自我复制""自我再生"功能（李清华，2012）。

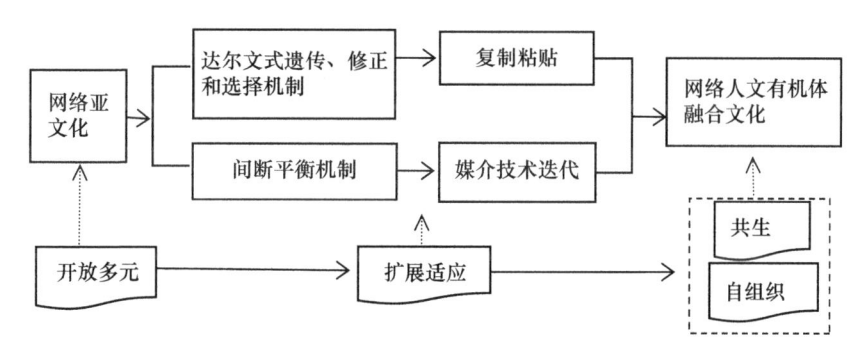

图2-1 网络人文有机体演化概念模型

网络空间文化符号生成的自组织机制开始于互联网双向传播下的用户生产。网络空间的去中心化或泛中心化特征使得受众具有平等对话和自由获取信息的权利，受众可以自由解码信息，独立地获得记忆和感知。因此，网络空间是一个具有自适应性、有弹性、可进化的活系统（周琼，2019）。在这样的网络空间中，受众被授予权力，加入网络文化的生产中。受众通过自媒体，用自己独特的网络内容生产共同建构着自己所处的"文化部落"，逐渐创造出各自的网络元文化。

自媒体的出现加速了网络空间用户生产到自组织机制的过渡。社交网络的文化系统将受众置于一个特定的位置，从而定义了一个受众网络角色及其期望的模式化或制度化体系，塑造受众行动的价值与规范。社会秩序是通过受众对特定的文化模式的遵从形成的，这种遵从大部分是无意识的（霍尔和尼兹，2002：26）。受众通过自媒体自然地实现了传播的具身性和物质性的统一，让自己也成为网络媒介的一部分，实现了网络文化空间的自组织结构。如微博、微信、抖音等自媒体用户根据自身的习惯和偏好浏览并上传信息，在网络媒介的规则作用下自动找到或管理自己的朋友圈。

这个过程中会产生群主和追随者，他们共同维护着群文化，不同的群成员允许交融，还可以进行跨文化交流，且这一切都是在网络自组织机制下自然发生的，媒介只是提供了工具。从这个意义上看网络文化的自组织结构恰恰为自媒体的发展提供了土壤，乡村自媒体也只是将村民的日常生活从线下延伸到线上，既为村民提供了自我展示的平台，又为村民提供了创新生活方式的机会。

第二节　自媒体网络空间行为机制

一　交互反馈机制

交互反馈是自媒体网络行为发生的首要机制。交互反馈既是受众网络行为的简单概括，也是乡村自媒体内容生产的动力源泉，还是乡村自媒体信息传播、实现盈利、产生影响的基础。维纳（1948）在给互动所下的定义中指出，互动是信息传播环节信息接收者对所获取信息内容的反馈，再据此不断修正信息，具有双向性特点。根据哈贝马斯的交往行动理论，交互是一种社会行为模式。他指出，"人类是通过其社会成员的协调行为而得以维持下来的，而这种协调又必须通过交往"（哈贝马斯，2004：378）。进一步地，哈贝马斯将语言视作交往的媒介，强调通过话语融通主客世界。由此可见，交互反馈需要媒介支撑。移动互联时代，乡村自媒体已经成为村民社会交互的重要媒介。换言之，受众在自媒体上的行为表现遵循着交互反馈机制。

交互开始于接合。在对葛兰西提出的霸权理念的应用中，尤其是后马克思主义的文化研究范式中，最关键的概念是"接合"，大众文化就是一个"非接合—接合"的过程。从自媒体等网络新媒体的普及与流行程度看，当下的网络文化也是大众文化。因此，网络文化也就是一个将网络文本或实践同现实或线下相"接合"的过程。文化系统为受众提供了共享的有意义的符号，从而使社会行动者能够相互沟通。威廉斯认为文化是一种物质、知识与精神构成的整体生活方式，强调文化生产与传播的普遍性和延续性。阿尔布劳（2020）进一步指出文化是人们后天习得的行为与惯例，需要一代一代地传播下去。因此文化具有动态特征，网络空间的文化便是借由网络媒介所营造的空间场域内生产与再生产、传播与被传播，最终实现自我与他者、线上和线下的交互与反馈。

周琼（2019）指出，反馈与迭代机制是网络传播的关键。正如网络传播中涵化理论所认为的，网络媒介与受众是"涵化—反涵化—涵化"的交互关系，网络媒介与受众不再是单向影响的关系，而是双向互动（张蕊，2019）。如上文所述，分享和串联是网络自组织机制发挥作用的重要途径，也是受众之间、受众和媒介之间交互反馈的关键。受众通过分享和串联更容易结成网络社群和组织。反过来，虚拟社群中互信、互惠机制又是信息分享的主要动机，受众在社群文化的分享中容易建立自我认同，在持续的交互反馈中便形成互动式媒介文化，这也是乡村自媒体网络空间行为的基础动力机制。

自媒体网络空间的交互反馈是指受众经由网络自媒体媒介的人际交往互动行为。梁爽（2021）将这种基于媒介技术的人机交互的发展历程分为刺激—反馈、一键操控、智能服务和情感交流四个阶段。受众经由自媒体的交互实践就开始于"智能服务"阶段。伴随着技术上进入4G时代，视频技术、全覆盖场景技术等为提升网络交互体验和媒介临场感带来了支持和保证。此外，数字媒体平台的发展不仅为公众提供了即时交流的平台，多样化的主体通过这一平台实现了平等对话与共通，而且依赖于数据挖掘和分析的智能传播服务将引领志趣相同的人寻找到更多的相关信息和属于自己的社交圈子，形成多元化的、具有私人属性的公共领域。正如德里达根据弗洛伊德关于心理是信息存储和处理系统的观点所得出的，大数据背景下各主体之间的互渗作用促成了更大范围的归档，技术、媒体将人类记忆转化为数字进行记录和存档。受众通过转发、评论、点赞等互动方式，实现数据流、信息流和价值流等在紧密连接的各主体群之间广泛扩散，逐渐地，围绕共同文化主题的网络群聚集了越来越多的人。

乡村自媒体用户的网络行为首先就是网络交互反馈行为。乡村自媒体用户通过无差异的点赞、评论、转发、留言等网络交流方式参与网络互动。之所以是无差异，是因为乡村自媒体和所有其他链接到网络的用户一样，具有匿名化和自由化特征，在交互逻辑和交互方式上也是一样的。且网络交互反馈的受众范围之广、传播速度之快，是以往任何一种媒介所无法比拟的，乡村自媒体在高速运转的网络空间为了获得足够的注意力，需要足够的时间、精力、技巧等，即使再聪明的人在面对如此高强度的交互时，也会表现出不理性的行为。

二　多元演化机制

网络文化的多元演化是自媒体网络行为多样性的内在机制。自媒体所存续的网络文化空间具有多元开放的特征，表现在传播主体或机构的多元化，受众身份角色的多元化，传播信息内容的多元化和传播媒介渠道的多元化等。网络的这种开放多元所形成的网络文化具有杂食文化的特征，因为网络空间为不同区域、不同历史的文化交流提供了载体，各种各样的文化聚集在一起，构成了多元化的文化样态。在这种多元化文化环境中，一方面，作为文化主体的受众的行为本身就具有多元化特征；另一方面，受众在自媒体或网络空间中的行为受网络文化的影响，在相互交流的过程中加剧了行为身份的异化。

实际应用中，网络媒介在技术应用层面上门槛较低但仍然存在，尽管近年来网络媒介在世界范围内普及度越来越高，网络应用的使用主体差异仍然存在。就像罗杰斯创新扩散理论所描述的，网络文化最初由那些早期使用网络媒介的用户所创造，且这些早期进入网络世界建构网络文化的"先驱们"被认为是少数的、脱离现实社会主流文化的创新者。早期采用者和跟随者规模较小，因此网络文化常常又被称作网络亚文化。后来，虽然网络用户规模越来越大，但在网络空间中的分布总是较为分散，具有明显的幂律特征。即大多数网络用户以一个个独立社群的方式分布在各个不同的网络社区内，形成一个个各具特色的网络亚文化，这些网络亚文化共同构成了多元网络文化特征。正如黄明波和沈文锋（2014）所述的，环境的多样性促成了文化的多样性，庞杂的网民来自社会各个阶层，具有不同的教育程度、经济实力和社会地位，他们在网络上发布的各种信息和各大网站一起构成了复杂多样的网络文化。

受众在乡村自媒体平台上的行为具有网络亚文化特征。单单（2021）根据网络媒介技术发展的阶段将网络亚文化发展分为三个阶段：线上群体初创期、移动互联期和网络直播期、短视频平台发展爆发期，具体如表2-1所示。在线上群体初创期，网民的网络空间行为较为单一，表现渠道或媒介形式简单，主要集中在文字、图片等形式；进入移动互联期之后，随着网络终端技术的更新，网络文化内容的表现形式变得丰富，网民的网络行为也变得丰富多样，表现渠道或媒介形式也更多样，主要有文字、图片、语音、长视频、短视频等，网民之间可以即时线上交流，文字留言、语音通话、视频聊天等。

表2-1　　　　　　　　　　　网络亚文化发展阶段

阶段	含义	特征
线上群体初创期	网民借助电脑媒介在论坛、博客、贴吧以文字图片的形式互动	话语集中在少数人手中，传播慢、影响小
移动互联期	借助手机等智能移动终端跨媒介传播	短期内网站转载，群体力量渐显
网络直播、短视频平台发展爆发期	借助网络直播、视频网站以及短视频平台即时互动	主体更年轻、互动更频繁、样式更多元

注：根据单单（2021）《网络亚文化的发展与引导》整理。

从网络文化演化机制看，乡村自媒体所建构的网络亚文化开始于移动互联期，成熟于网络直播、短视频平台爆发期。从文化特征上看，乡村自媒体上传播主体更年轻，用户之间互动行为更频繁，传播媒介的样式也更多元。受多元网络亚文化的影响，乡村自媒体用户在自媒体平台上的网络行为有着多元演化的特征。但这种多元演化既是个体的个性化，又是亚文化群体的多元化，即并不仅仅是指每一个单个乡村自媒体用户都变得多元，还是指作为群体存在的某一亚类自媒体平台用户的行为变得多元，在群体内部，他们的行为相对是一致的。多元化的网络亚文化所营造的网络空间氛围，势必影响乡村自媒体平台用户在网络空间中的各种行为，是网络用户的行为指南。因此，网络文化的多元演化机制是乡村自媒体平台用户网络行为多样性的内在机制。此外，网络文化的多元演化也是用户行为非理性的一个重要原因。自媒体用户在面对数量庞大、文化类型多元的网络信息内容时往往应接不暇，难免产生非理性行为。

第三节 乡村自媒体中网络文化特征

一 大众化：网络文化的去中心化

网络文化生态的本质正是多元融合。文化的多元性是一个与年龄、性别、阶级、身份相关的问题，任何根据民族、部落或社会而确定的文化区隔体，都是由多种文化构成的。因此，网络文化既是网络空间原生文化，即网民在网络空间特有的行为和组织惯例、价值观念、制度与传统，也可以是网民线下现实生活中所处地域、环境的文化在网络空间的延伸和再现。实际上，理解任何文化形式的意义，都不能单纯把它固定在一种文化的内部，而应按照它如何适应不同文化之间的交叉点来。一种被广泛接受和有代表性的文化形式被证明远不是普遍的，而是与处在某个特殊时刻的特定群体有关的（鲍尔德温等，2004：16）。

网络空间的群氓文化由来已久。希尔斯（1978）将美国文化划分为三个等级，这些等级代表了社会文化的不同方面：高高在上的是高级文化或高雅文化，中间是平庸文化，底层的则是野蛮文化。在阿诺德对英国人的划分中，群氓即指代工人阶级。麦克唐纳（1998）在《大众文化理论》中对群氓文化展开过全面的攻击，认为群氓文化使高雅文化失去了生命力。在他看来，群氓文化不能等同于大众文化。后者是一种土生土长、代表人民心声的、自发的文化，而前者是自上而下强加给人民的，其创造者是为商人服务的技术人员，而受众是麻木不仁的消费者。网络空间可接入性强，受众虽然数量众多，但大多数都只是网络文化的消费者。网络空间多种文化共存，而最突出的表现就是大众消费下的群氓文化盛行。群氓文化有两个特征非常吸引人：经济上的回报和巨大的潜在受众群（斯道雷，2019：38）。在这两种特征作用下，群氓文化消费会产生一种压抑作用，诱发精力分散和心理安慰的成瘾性。受众对群氓文化消费得越多，他们的心灵反而越空虚。随着移动互联技术的普及，普通受众接入网络的机会越来越多，使用网络媒介的成本也越来越低，且网络媒介为大众提供了便捷的网络消费途径，即时性、碎片化的网络消费几乎伴随每一个网络受众。

换言之，在网络空间里，传媒领域的注意力经济被无限激活，电子商务为受众提供了许多商机，通过网络来获得经济收益早已成为可能，在大众化、商业化进程的驱使下，网络空间充斥着群氓文化，乡村自媒体网络空间亦是如此。

二 转文化性：网络文化的多元开放

互联网有一种他者的文化样态，网络文化是一种"他文化"（杨立雄，2003）。互联网并不属于任何人，即便有的企业和国家试图给它设定边界也无济于事（阿尔布劳，2020：93），因此互联网具有转文化性质。转文化性是一个生成过程，产生于两种不同文化的碰撞，形成新的文化，其结果可能让原有的两种文化发生改变（阿尔布劳，2020：41）。因此，转文化是一种杂糅文化（郭萌萌和王炎龙，2019）。这种文化杂糅得益于移动社交媒体的普及让用户生产内容超越了专业生产内容的模式，使原本被动接受信息的草根受众成为网络文化生产和传播的主体（史安斌，2018）。之所以能够称之为转文化，是因为与跨文化不同的是，转文化性强调多种文化共存，从而突破不同文化间的对立或主导与被同化。

网络文化实际上是以虚拟网络为载体，具有推动人的主体性发展的应然价值，为现实人全面自由发展拓展了空间，具有多样性、共享性和虚拟性的特征（赵亮，2019）。网络文化既不是简单的"网络+文化"，也不是文化的网络化，它是人类社会文化的一次全面彻底的改革，包括文化价值的重构、文化内容生产的创新、文化传播渠道的拓展、文化消费方式的革新等。此外，网络文化会产生主体自身异化、个性丧失、自律性下降和目的性缺失等消极影响（赵亮，2019）。故网络受众的文化是在弥合自身与他者的文化分歧的经验中形成的。互联网技术赋权下受众的文化表达具有移动化、大众化、精细化和专业化的特点（常江和徐帅，2019），网络文化具有显著的转文化性。

三 集体狂欢：网络文化的自我认同

网络文化有机体自组织系统通过受众交互自治来维系。网络有机体从诞生之时，就具有自我造血的能力。但无论是其复杂多变的组织结构，还是其新奇多元的虚拟内容，网络文化的蓬勃发展从未离开和现实社会的勾连与互动，网络文化既是对现实社会景观的再现，又是对社会历史的观照。受众作为网络文化生产主体，同时又是现实社会关系的主体。如上所述，网络文化共同体的自组织结构开始于互联网双向传播下的用户生产和再生产，网络文化有机体也是在此作用下完成社会文化再现。网络空间的去中心化或泛中心化特征使得受众具有平等对话和自由获取信息的权利，受众可以自由解码信息，独立地获得记忆和感知。在这样的网络空间中，受众被授予权力，加入网络文化的生产中。受众使用自己独特的网络内容和原材料共同建构着自己所处的文化共同体——"文化部落"，逐渐创造出各自的网络元文化，即用来阐明其他文化形式的更高级模式（李特约翰，2009：14）。乡村自媒体就是在这种自组织机制下实现群体文化建构。

这里的网络传播的集体狂欢是指受众在网络空间的共同情感表达，通过自由对话进行戏谑嘲讽、释放自我情绪的群体活动现象，这也是乡村自媒体重要的文化特征。集体狂欢下的网络文化逐渐表现出泛娱乐化、精英话语权的缺位和平民话语权的崛起（曾伟，2018）。大众传播中有相当一部分艺术、消遣性、游戏性的内容，是为了满足人们精神生活的需要，构成了网络传播的亚文化，体现网络传播的娱乐与消遣功能（杨春荣，2007）。集体狂欢平等性、大众性、颠覆性和戏剧性的特征又为受众舒展快乐本能提供了更有利的契合条件（刘慧赢，2011）。因为互联网的去抑制性效应会滋生受众的无责任心理，再加之从众和补偿的心理机制，受众很容易不自觉地加入集体狂欢中。更有甚者，网络传播主体的多元化，弱化了传统媒介守门人的角色和职能，守门人的失位进一步让集体狂欢的亚文化有了可乘之机。

齐泽克、拉康等认为主体在象征性认同之前必然要借助于象征性主体间性，否则不可能产生主体的象征性认同。也就是假定有一种象征性认同的命令将个体排除在那些非认同之外，因为个体在面对这种象征性召唤的认同时，想要主动逃离自身地位的非确定性困境（孔明安和谭勇，2020）。因此，主体生成于主体间的关系，而自我意识是一个客体。如李剑桥（2020）研究指出，H5 新闻（即第五代 HTML 新闻）使受众能够依据自身需要、摆脱现实身份的束缚，重新认识自我、建构自我。在网络身份的建构中运用"自我嵌入"的方式，受众通过图片和视频的戏拟性来指向"想象"的意义，完成一种文化意义上的"自我指涉"。

网络空间恰恰为受众提供了丰富的具有指涉意义的图片和视频等文本内容,在与受众持续的互动中,主流文化让位于网络亚文化,因而产生受众的自我认同。

第三章 乡村自媒体传播生态构成特征

文化生态（cultural ecology）一词被朱利安·史徒华用来研究环境对文化的影响，他将文化生态系统定义为文化及其所处的自然和社会环境（朱利安·史徒华，1989：37）。网络文化既是网络空间原生文化，即网民在网络空间特有的行为和组织惯例、价值观念、制度与传统，又可以是由网民线下现实生活中所处地域、环境的文化向网络空间的延伸。周庆山和骆杨（2010）将互联网称为构造信息环境的第二生存空间。因此，网络文化生态就是网络主体、技术、信息内容和网络赖以存在的环境系统，包括自然环境、社会环境和信息环境。文化研究中，自霍尔提出"编码/解码"理论以来，媒介呈现的内容即再现就获得了关注。网络人文交流具有参与面广、传播速度快、空间广、成本低、互动性强、开放平等的特点。乡村自媒体是对乡村文化内容的网络再现，这些特征在乡村自媒体所建构的网络空间仍然存在，这些网络文化特征很大程度上也决定了乡村自媒体传播受众和内容生态具有无限连接、主动性、娱乐性、模式化、区域性等特征。

第一节 乡村自媒体发展概况

一 需求量大

乡村自媒体的发展伴随着移动互联网络技术的发展，更是伴随着移动媒体在乡村的普及和农村家庭移动网络应用的普及。我国自媒体发展主要经历四个阶段：第一阶段是2009年的新浪微博上线，引起社交平台上自媒体发展的浪潮；第二阶段是2012年微信公众号的上线，自媒体逐渐向移动端方向发展；第三阶段是2012—2014年，门户网站、视频、电商平台等涉足自媒体领域，平台日趋多元化；第四阶段是2015年至今，直播、短视频等形式兴起，逐渐成为自媒体内容创业的新热点（陈鹏，2020）。乡村自媒体的发展阶段也具有类似的过程，不过相较于城市自媒体，乡村自媒体起步晚，真正发展成熟起来也就是近几年的事情。从媒体发展的角度看，乡村自媒体的发展具有被动发展的特征，是伴随着乡村经济社会发展和移动互联技术向乡村地区渗透而发展的。

除了新媒体技术发展迅速的外生因素之外，乡村居民媒介素养的提高也是促进乡村自媒体发展的重要动力。作为乡村自媒体的传播主体，乡村居民越来越多地参与媒介实践，以更加开放的姿态来面对新媒体技术。也就是说，从需求侧看，农村地区对新媒体的潜在需求巨大，乡村自媒体发展的内生动力强劲。因此，随着进城务工的农民工、进城学习和返乡创业的小镇青年及大学生等一批早期农村意见领袖的出现，新媒体应用和传播模式被带回农村，乡村自媒体很快便在田间地头传播开来。从对江苏、北京、安徽、山西和山东等地的走访情况看，尤其是网络问卷调查搜集到有效调查问卷中，网络和视频类自媒体应用普及率高达89.79%，受访者上网的主要途径就是无线网络和手机流量，其中被使用最多的上网设备是手机和平板电脑，而传统有线上网的形式已经逐渐退出历史的舞台。且如图3-1所示，虽然乡村自媒体在农村居民中更受欢迎，但也存在许多城

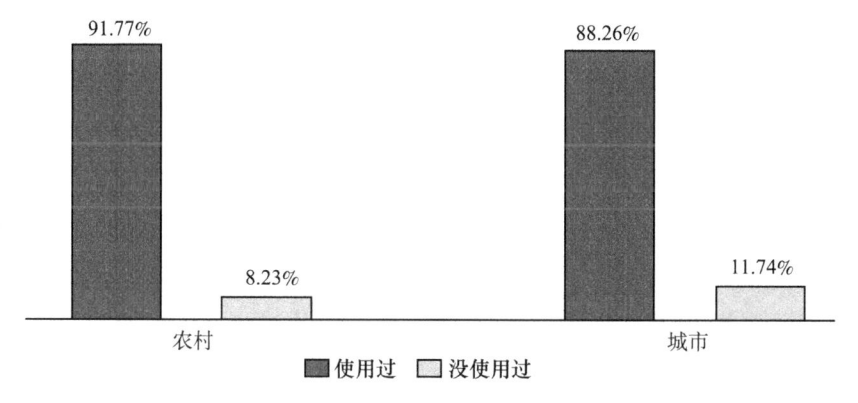

图3-1 乡村自媒体在农村和城市的分布

市居民热衷于观看或制作乡村自媒体内容。

二 供给多元

此外，从供给侧看，许多新媒体公司和平台不断推出方便乡村群众使用的媒介应用，帮助普通群众获得自我展示和表露的渠道，也是乡村自媒体迅速发展的外部动力。一些新媒体平台为了拓展农村应用市场，彼此借鉴和竞争，相继扶持或打造一些头部乡村自媒体用户。如表3-1所示，今日头条、西瓜视频、火山小视频等使用率非常高的三个新媒体平台针对乡村自媒体用户专门设置了"三农"专栏、"乡野"专栏和"新农村"专栏，主要发布一些娱乐、美食、日常生活和种植养殖等乡村生产生活方面的内容，并出现了一些具有影响力的乡村意见领袖即网红自媒体，如"农村四哥""巧妇九妹""华农兄弟"等。

表3-1　　　　　　　　乡村自媒体平台和内容类型

平台		内容	
自媒体平台	做法	类型	案例
今日头条	设置"三农"专栏	娱乐和美食等日常生活	"农村四哥"
西瓜视频	设置"乡野"专栏		"巧妇九妹"
火山小视频	设置"新农村"专栏	种植和养殖等价值生产	"华农兄弟""米菜兄弟"

注：笔者根据陈静和万芳（2019）《农村自媒体内容研究》整理。

还有一些多渠道网络公司（Multi-Channel Network，MCN）通过提供技术、工具、服务等多种方式赋能乡村自媒体发展。据《快手MCN发展报告》显示，截至2019年，中国MCN机构数量超过6500家。2018年年底至2019年6月，已有超过600家机构密集入驻快手，覆盖多数头部机构，涉及20多个垂直细分领域，发布作品超过80万，总播放量超过2000亿。

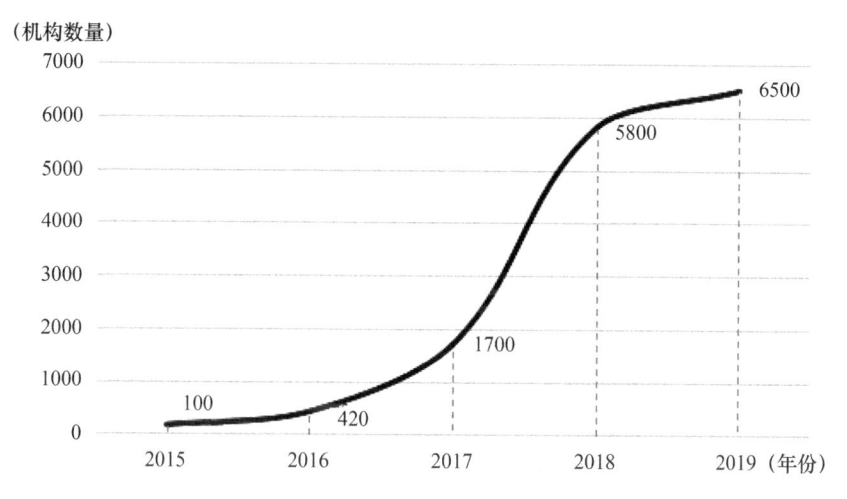

图 3-2　2015—2019 年中国互联网 MCN 机构数量

资料来源：笔者根据 2019 年《快手 MCN 发展报告》绘制。

第二节　技术生态

一　技术、传播与文化

对研究乡村自媒体传播生态而言，技术、传播与文化息息相关。总体而言，技术为传播提供方便，通过传播来作用于文化。乡村自媒体既是一种网络传播技术，又是一种网络亚文化。作为网络传播技术，乡村自媒体是移动互联时代的新兴媒体，传播速度快、门槛低、效果强；作为网络亚文化，乡村自媒体所建构的网络文化是传统乡村文化、自然生态文化在网络空间的再现和再生产。而这个再生产的过程离不开媒介技术，不论是叙事媒介，还是展示渠道，整个编码解码的过程和效果都要受到媒介技术的制约。自媒体内容的生产和传播就是用户使用新媒介技术的自我表露。数字和信息要素通过技术整合进乡村叙事，并在网络虚拟空间呈现的过程，就是乡村文化被生产并通过媒介技术在网络传播的过程。

就传播技术而言，乡村自媒体是一种新兴的移动应用。所谓移动应用，就是一种依托于 5G、云端技术、AI 等移动互联网络的新媒介技术，是与智能手机、平板电脑、电子书等移动终端硬件相结合的，为受众提供信息服务的新媒体技术应用。那么，乡村自媒体最受欢迎的媒介技术应用——短视频，就被认为是技术和创意的交相辉映而生的，它使视觉融合文化成为可能（王长潇和孙玉珠，2021）。换言之，乡村自媒体传播的文化语境——网络文化的生产与扩散机制离不开媒介技术的应用，技术是建构和传播网络空间的乡村文化的关键要素。通过网络技术，可以将乡村文化以图文影像和声音的形式进行跨区域传播，让不同身份背景的受众相互联系，在彼此自由交互中产生认同。

首先，技术为传播的虚拟在场提供了方便。自媒体新媒介技术下，人际传播不再局限于共处同一个物理场域的面对面交流，而是将互动场域延伸到网络虚拟空间（梁爽，2021）。在基于移动互联数字技术的交互活动中，网络系统内部参与者之间的互动实践是虚拟空间技术分身在场的、基于数据代码进行的连接，而交互者身体可以在不同的地理空间，即具身在场被虚拟的技术分身在场所替代，实现跨场域的交流互动。在信息技术帮助下，内容的传播由面对面的口头交流或书面文字形式转向跨时空的音视频形式，既缩短了阅读时间，又增加了视听享受，更使人们的碎片化时间得以利用。

其次，技术为建构文化的认同提供了方便。一方面，技术不断更新着媒介内容的表现形式，从文字、图片的展示到声音、视频的传递，媒介技术传播信息的方式越来越多，众多媒介形式在数字技术构建的网络空间可以随意切换，形成共振传播，从而产生互文性效果。用户在使用网络的过程中，不断地接收到相似的信息，反复加深印象，因此也就比较容易产生文化认同。另一方面，技术较好地或部分地解决了缩短跨文化传播中的文化距离问题。数字技术所建构的网络虚拟空间加速了多元文化的融合演化，为不同文化之间的碰撞提供了缓冲带。不同文化背景的用户利用数字媒介技术可以最优化地找到自己容易接受的信息转移或解码方式，减小了信息传播过程中的偏误，弥合彼此之间的文化差异，从而促进对各自文化的认同。

也就是说，自媒体充分体现了技术、传播和文化的融合，是三者融合下的产物。且自媒体作为新兴网络媒体，是数字技术在文化传播领域的应用，同时为大众文化传播提供了技术载体，技术（流量）变现与文化传播是自媒体应用的主要功能。

二　自媒体技术应用类型与功能

理解自媒体技术或媒介技术是自媒体发挥媒介效果的关键，也是厘清乡村自媒体传播生态的关键。准确地说，自媒体的技术类型是指基于计算机算法的网络传输技术，而本书所要分析的自媒体技术生态主要以各类自媒体应用为研究对象，不同的自媒体应用对应着不同的算法技术，自媒体的平台分类和特征可以反映自媒体技术生态。

首先，自媒体技术应用类型或自媒体平台种类较多。如表3-2所示，自媒体技术应用类型大致可以分为网站、社交媒体和短视频平台三种。在媒体融合的背景下，有的技术应用也可能兼具其中两类或三类的特征。网站类自媒体技术应用是以网页链接为主要交互方式，信息的发布、传播均通过网页做静态或动态的展示。这种类型的自媒体技术应用出现较早，优点是可以聚合多种媒介形式，传播的内容信息量大，一旦成功会吸引大量粉丝；缺点是操作方式烦琐，对设备要求较高，最早是在计算机上实现，代表应用有百度、领英、B站等。社交媒体类自媒体技术是指以社交软件为载体的即时交互技术。这种类型的自媒体覆盖率高，信息传播与更新速度快，操作便捷，用户黏性高，但大多数使用场景具有茧房效应，熟人社会的特征明显，代表性应用如微博、微信公众号等。短视频类平台是新兴自媒体技术，是指基于短视频互动的网络技术。这种自媒体应用具有社交媒体的大多数优点且娱乐性强，传播范围广，用户下沉度高，适合病毒式营销；缺点是传播深度窄，信息内容质量较低，代表性应用如抖音、快手等。范·迪克在《连接：社交媒体批评史》中说：

> 刷短视频，是的，是"刷"，不似书籍的"翻看"、电视的"打开"、视频的"点击"。"刷"这一动作本身即蕴藏着流媒体的真谛，即流动不居、延绵不绝。一个个视频虽短，跨度却大，但能无缝衔接，让人浑然不觉。"抖音5分钟，人间1小时"，恍如古人的"山中方一日，世上已千年"之感（范·迪克，2021：5）。

表 3-2　　　　　　　　　　自媒体技术应用类型

类型	代表性平台	主要技术特征
网站	百度、网易领音（Linkin）、B 站	以网页链接为主，信息的发布、传播均通过网页做静态或动态的展示
社交媒体	微博，微信公众号	以客户端为主，信息传播速度快，便于交互反馈
短视频平台	抖音，快手	以短视频为主要媒介，注重分享，兼具社交和电商功能

资料来源：笔者整理。

其次，自媒体技术服务包括内容生产、互动技术和其他服务三大类。如表 3-3 所示，内容生产包括选题、排版、装饰、人工智能创作等，主要表现形式为图文、视频、直播影像；互动技术包括留言、点赞、关注、转发、评论、即时通信等，主要表现形式为文字、表情符号、图片、动图；其他服务包括包装孵化、智能推送、数据分析、涨粉、电商、引流服务等，表现形式为点击量、转发数、关注数、粉丝数。可以发现，自媒体技术服务范围涵盖信息传播的各个环节，从内容生产、信息传播到技术开发、用户反馈等均有所覆盖。

表 3-3　　　　　　　　　　自媒体技术服务分类

分类	代表性平台	主要表现形式
内容生产	选题、排版、装饰、人工智能写作等	图文、视频、直播影像
互动技术	留言、点赞、关注、转发、评论、即时通信等	文字、表情符号、图片、动图
其他服务	包装孵化、智能推送、数据分析、涨粉、电商、流量服务等	点击量、转发数、关注数、粉丝数

资料来源：笔者整理。

此外，根据《中国自媒体产业分析报告（2018）》可知，自媒体内容呈现形式中，被受众使用最多的就是图文，占比 79.9%，其次是短视频，占比 17.9%。自媒体平台分布中，微信公众号和头条号排在前两位，分别占比 63.4% 和 19.3%，而出现较早的微博排在第三位，占比 13.5%（具体见图 3-3）。可以发现，自媒体内容呈现方式和平台市场占有率已经出现网络市场上的寡占格局，少数的几种呈现形式和少数的几个平台已经占据了大部分市场。这也验证了上文所述的间断平衡机制，即在自媒体技术应用市场上，新媒介技术的出现具有颠覆性特征，很快能够达到平衡，占领市场。

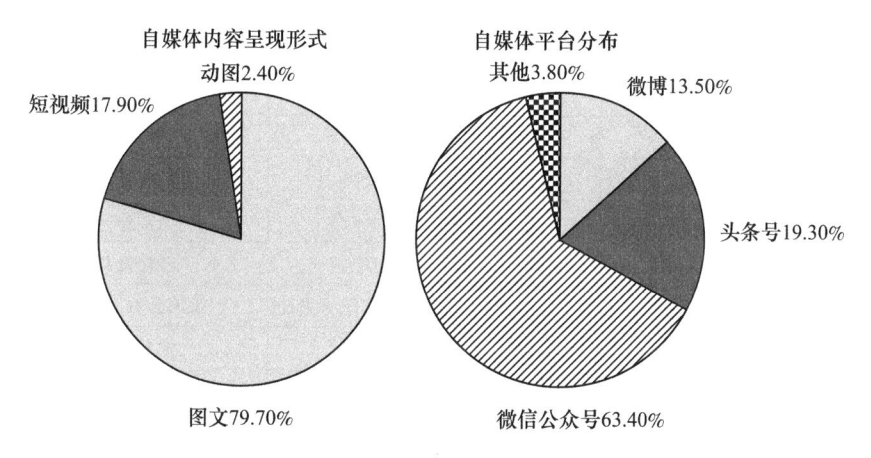

图 3-3 自媒体内容呈现形式分布（2018 年）

数据来源：《中国自媒体产业分析报告（2018）》，https://www.sohu.com/a/275455651_651182。

第三节　用户和内容生态

乡村自媒体用户和内容生态实际上包括乡村自媒体传播主体生态、受众生态、渠道生态和内容生态。本部分以快手和抖音两个平台为例加以梳理、总结和归纳，主要材料均来自两个方面：一是快手上 60 个乡村自媒体账号内容和"快手日报"微信公众号原创文章，样本数据的时间跨度为 2019 年 1 月 1 日至 2021 年 6 月 30 日，共梳理出与乡村自媒体相关的公众号文章 54 篇；二是对江苏（作者家乡）和北京、安徽、山西、山东的走访观察和委托问卷星网络所做的全国网络随机抽样问卷调查搜集到的一手资料，共回收有效调查问卷 654 份（根据农村受访者样本量匹配城市样本），其中农村用户占比 47.4%，城市用户占比 52.6%。调研根据年龄、职业身份、自媒体使用习惯等个体特征选择对象作重点访谈，主要讨论话题就是抖音类短视频的使用，部分受访对象情况如表3-4所示。

表3-4　　　　　　　　　　受访者基本情况

受访者	性别	年龄	职业	自媒体使用习惯
SQ	女	56	退休乡村医生	常看，不发
ZL	女	23	社区工作者	经常发抖音
ZY	男	37	社区领导	偶尔看看
HXW	男	53	农民	偶尔会看抖音，发过几次
LC	男	37	个体户	经常发抖音
LY	女	13	初中生	经常发抖音
WJ	男	70	农民，前任村主任	偶尔会看，不会发
LS	男	40	农民	常看，会发
WLM	男	62	教会负责人	常看，会发
Y某	男	51	农民工	常看，不发

注：考虑到个人隐私，受访者姓名用姓氏首字母编号替代。

一　无限连接性：全民参与

首先，传播渠道具有无限性，多平台、共振性传播方式的盛行。一方面，可供网民使用的上网设备越来越多。据《第47次中国互联网发展报告》显示，截至2020年12月，我国网民使用手机上网的比例达99.7%，使用台式电脑、笔记本电脑、电视、平板电脑上网的比例分别为32.8%、28.2%、24%和22.9%，具体见图3-4。另一方面，国内市场上的网络应用程序种类和数量也越来越多，包括游戏类、日常工具类、电子商务类、生活服务类等。这些应用共同构成网络信息内容的传播矩阵，形成共振性传播。

从调研资料看，村民更习惯于使用手机来发布和观看自媒体内容，仅有2.1%的受访者使用平板电脑，其余97.9%的受访者均选择使用手机。在网络接入方式中，一个人通常会同时使用多种方式。其中，87.22%的受访者表示使用无线网络和移动热点（即Wi-Fi）上网，60.25%的受访者表示会使用手机流量，而几乎没有人使用有线网络。且乡村自媒体传播

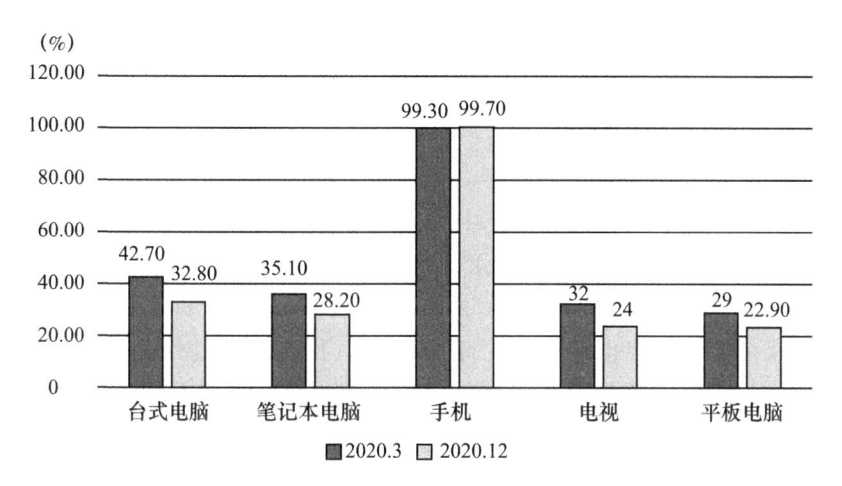

图 3-4 互联网络接入设备使用情况

平台被使用最多的是抖音、快手和微信，分别占 92.18%、60.46% 和 44.49%。除此以外，西瓜视频也是乡村自媒体使用较多的网络平台（占地 30.42%），传播渠道的多元性、便捷性非常明显。用山东 L 村的村民 WS 的话说，"现在俺们都刷抖音，田间地头，很方便，不看电视也能知道国家大事，时髦得很"。实际上，在调研中还发现，许多村民对抖音、快手、微信等短视频平台不作区分，在他们的认知里，"抖音"可以和"短视频"画等号，谈到抖音，往往不是真的指抖音平台，而是指代短视频。

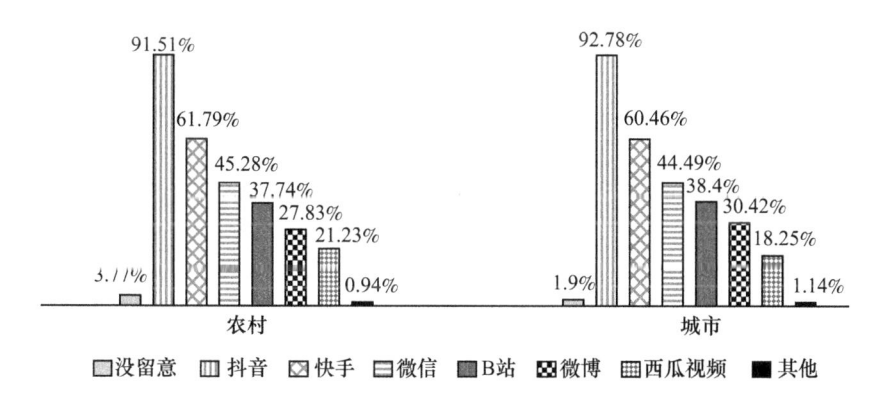

图 3-5 各类自媒体平台用户占比

其次，传播主体和受众具有无限性，全年龄段、全国范围的人口覆盖。调研中，使用过抖音快手等短视频软件的受访者占 78.69%，其中男性占 44.95%，女性占 55.05%；年龄分布从 10 岁到 71 岁。自媒体在农村普及率非常高，除了少数不识字、年纪较大的人和婴幼儿以外。比如在 S 社区的调研中，抖音软件在村民中的使用率非常高，几乎每一部智能手机上都安装了短视频软件，全村 245 户、651 人中，看过或发过抖音的人口比例高达 66.52%。调研中 13 岁的初中女孩 LY 说："抖音在我们班很常见，大家都在玩。我也经常发抖音（说着向我展示她的作品），我主要发一些简单的跳舞视频，不过我会选一些好听的音乐和好看的衣服。我有一百多粉丝了，不过大多数都是我的同学。"另外，在城市的调查问卷中还有一位来自马来西亚的青年在抖音和 Facebook（Meta 公司旗下互联网社交产品）上观看乡村非遗创作类视频。

再如表 3-5 所示，快手平台上乡村自媒体在性别、年龄和所在地区这些方面分布范围较广，男女兼有，既有七八岁的少年儿童，又有六七十岁的老年人。另外，根据快手大数据研究院联合《中国青年报》、红衫中国与神策数据推出的《2019 小镇青年报告》，2019 年有 2.3 亿小镇青年在快手上发布超过 28 亿条短视频，视频播放了超过 26000 亿次，获赞数超过 800 亿，并获得 180 亿条评论。在乡村自媒体用户中，男性更喜欢直播和发布作品，女性更喜欢 K 歌、自拍和使用魔法表情；"60 后"乡村自媒体用户最喜欢自拍、K 歌；"70 后"乡村自媒体用户最喜欢发布作品、参与直播；"80 后"乡村自媒体用户最喜欢使用魔法表情；"90 后"乡村自媒体用户爱好多样。

表 3-5　　　　　　　　快手平台部分乡村自媒体信息

快手账号	地区	性别	年龄
位光明（jacket1974516）	浙江绍兴	男	49
兰姐（whq871013）	吉林松原	男	34
潮汕幸会「欧阳」（UFO19881028）	深圳龙岗	男	33
农村胖大海（xcpangdahai）	湖南娄底	男	31
韩仕梅（hanshimei12345678901）	河南南阳淅川县九重镇	女	49
南荒小犇（nhxb1111）	喀喇沁旗牛家营子镇南荒村西过沟	男	47

续表

快手账号	地区	性别	年龄
刘姥姥唱歌（1102356261）	山东济南	女	66
成龙成才记录生活（LQ20120818）	山东沂蒙	男	8 和 7
老犁耙（320487497）	辽宁大连同益乡同益村	男	62
蔚县信访局长李海明（1077014700）	河北张家口蔚县	男	47
【曾经的军】（HZY760908）	山东临沂市临沭县	男	43
梅姐爱画（627672143）	山东聊城沙镇王化村	女	49
玉狗梁瑜伽老太（1177636011）	河北张家口张北县玉狗梁村	女	76

最后，传播内容具有无限性，多样化、多门类的内容生产和传播。如图3-6所示，快手平台上占比最多的前三类内容分别是"生活""小姐姐"和"美食"，分别占28%、14%和11%。除此之外，还有许多其他内容门类，如"职业""技艺""表演""美妆""风景"等。针对乡村自媒体的内容分布，大致可以梳理出乡村教育、乡村振兴与扶贫、非遗传承与展示、农业种植与养殖和乡村风景与生活和乡村发明与艺术六大类。值得关注的是，相较于电视、广播等传统媒体，自媒体中的内容距离村民生活更近，代入感更强。

1. 乡村教育方面的应用

乡村自媒体助力乡村教育，为弥补乡村学校教育和家庭教育的不足提供了帮助，问卷中有超过半数的人表示可以通过乡村自媒体学到知识。比如快手音乐人"@唱戏阿杰"（快手ID：303384145）——10岁的农村小男孩阿杰两岁半的时候第一次开始唱戏，并在快手上通过自学，成了村子里有名的"豫剧小神童"，派头十足的唱腔和动作，在快手上吸引了超过190万粉丝；快手音乐人"@村里的孩儿"（快手ID：CLDHmusic）——90后乡村教师李平和张雨，在学校组建了"村里的孩儿"音乐班，利用休息时间教学生弹琴唱歌，并把孩子们练习唱歌的视频发布到快手上，让孩子们的音乐梦想被更多人看见，为更多乡村热爱音乐的孩子们提供免费学习声乐和唱歌的机会。具体如表3-6所示，快手日报发布的原创文章中，提及乡村教育方面的有3篇，内容涉及乡村教师、山区孩子学习和山区大学生上课。

中国乡村自媒体传播生态研究

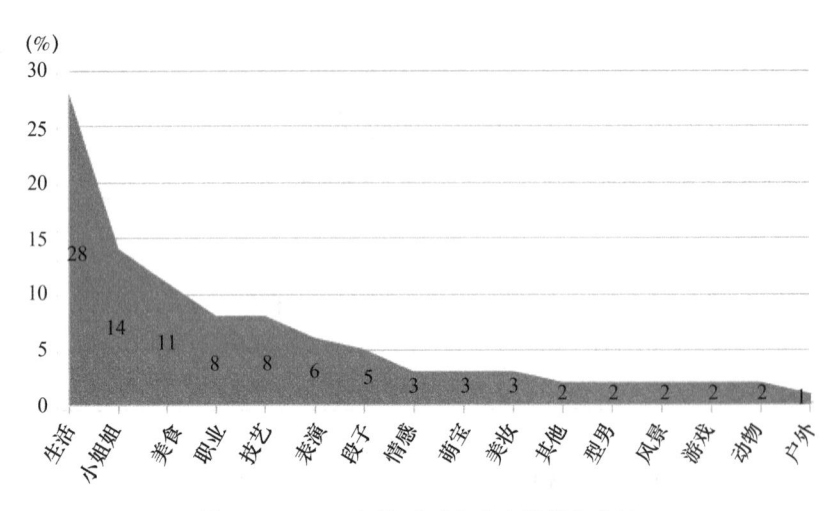

图3-6 2018年快手平台内容品类与占比

资料来源：笔者根据2019年《快手MCN发展报告》绘制。

数据（%）：生活28、小姐姐14、美食11、职业8、技艺8、表演6、段子5、情感3、萌宝3、美妆3、其他2、型男2、风景2、游戏2、动物2、户外1。

表3-6 快手日报发布的乡村教育方面乡村自媒体内容分析

序号	篇名	主范畴	概念范畴
1	乡镇物理教师的素质教育实践：教物理28年后，他用短视频科普吸粉数万	乡村教师、科普	孩子；王玉强；王老师；原理；乡村教师；缺位家长
2	西藏女孩海拔4800米雪地上网课网友：勤学者的高度	大学生、上网课	开学；疫情；上网；网课
3	原人大教师的快手之旅：帮山区孩子告别哑巴英语	山区孩子、英语教学	山区；孩子；英语教学；外语；人大教师

2. 乡村振兴与扶贫的应用

2019年有2200万人在快手平台上获得收入，其中近500万人来自贫困地区。2019年10月15—17日，快手联动头部政务单位、各地媒体、快手幸福乡村带头人、快手乡村振兴官，共同开展"看见幸福乡村—百人百城系列直播"活动，其中包括五场中国绝色快手村直播，来自全国东南西北中的五个快手村，透过屏幕展现各地乡村人、物、景三个维度风貌及扶贫成果。快手平台上致力于传播乡村振兴和扶贫的内容很多，比如阿土列尔村村民"（悬崖飞人）拉博"，带领网友们领略悬崖风景，参观了悬崖村旧景以及脱贫后的乡村文旅新貌，展现出扶贫带给悬崖村的巨大改变；牧民达西斯仁直播在蒙古包喝马奶酒、品尝蒙古族特色美食、草原上骑骆驼……为来自全国各地的网友带来了最原生态的草原牧民生活；快手幸福乡村带头人苗看良在位于吐鲁番市高昌区亚尔镇的亚尔村，带领网友们领略家乡美丽风景；张春梅在连云港赣榆区石桥镇石桥村进行了一场出海赶海直播等。如表3-7所示，快手日报发布的原创文章中，提及乡村振兴与扶贫方面的有14篇，聚焦在乡村领导人和明星等意见领袖通过乡村自媒体进行直播带货、政策宣传等内容。S社区的ZY在接受访谈时说道，"我们村辖区现有8户共11人为农村低保，有五保户12人，其中散居五保9人，居住在敬老院3人。这些家庭生活条件十分艰苦，残疾和老人居多，不会玩手机，更不要说玩抖音了。不过自媒体以及这个手机渠道确实为我们扶贫工作提供了巨大的方便。我们现在按照村民小组建立了微信群，村里还请人拍摄了展示村民生活的宣传片，在电视台、优酷等各大媒体平台上播放，同时也收到来自各地爱心人士的一些捐款"。

表3-7 快手日报发布的乡村振兴与扶贫方面乡村自媒体内容分析

序号	篇名	主范畴	概念范畴
1	快手里的"南荒小辫"火了，直播间里详解农村政策	宣传政策、农村政策解读	张爱臣；小辫；荒村；农民；喀喇沁旗
2	多角度展现扶贫成果，快手百人直播活动助力脱贫攻坚	直播、扶贫、地方文旅	直播；乡村；幸福乡；悬崖；茶话会
3	快手联合央视心连心公益带货，3小时支付1亿+，大凉山助农带货超2500万	公益、带货直播、央视、助农	央视Girls；电商；公益；湖北；助力
4	县长直播卖消防车，连麦《乡村爱情》谢永强助力山东农销	县长、直播、助农	消防车；泗水县；山东省；乡村；优选；谢永强

续表

序号	篇名	主范畴	概念范畴
5	直播间480万人开抢！80后县长买辣条，2小时销售58万	县长、直播、助农、80后	平江县；财政部；孩子；挂职
6	助力幸福乡村，三位全国人大代表齐聚快手直播间为家乡好物"代言"	人大代表、扶贫、农产品、乡村振兴、助农	电商；农产品；全国人大；乡村；两会
7	这位纪检干部一手打造的"七仙女"带火了侗家寨	盖宝村、侗族七仙女、农产品、脱贫	侗族；盖宝村；七仙女；吴玉圣；直播；茶叶；大米；稻花鱼；腊肉
8	县长快手直播卖"普洱"，一小时销出4万元	县长、直播带货	杨佛海；勐海县；人大代表；普洱茶
9	全国人大代表梁倩娟：快手带货一年售出农产品10万斤！	人大代表、农产品、直播电商、扶贫	梁倩娟；核桃；电商；陇南；农产品
10	全村291户99个贫困户第一扶贫书记亲自开快手直播卖苹果	书记、扶贫、买苹果、直播	苹果；姚晓奎；扶贫；果商；大田
11	蔚县信访局长快手直播为农民工讨薪 现场怒斥欠薪企业	局长、包工头、直播、讨薪	蔚县；农民工；多伦县；刘建军
12	开放百亿流量助力乡村振兴！快手教育生态推出"三农快成长计划"	乡村振兴、教育、三农	乡村；成长；教育；生态；三农
13	多伦县县长走红网络：面对挑衅网络追击 开创直播问政	直播问政	刘建军；县里；多伦县；新媒体
14	玩快手的村长们：用短视频振兴故乡	扶贫、乡村振兴、村长	刘逢明；西村；乡村；更多；村子

3. 非遗传承与展示

从全国来看,《2020快手非遗生态报告》显示,截至2020年12月31日,快手国家级非遗代表性项目覆盖率达96.3%,1372项国家级非遗代表性项目中快手涵盖1321项,京剧、秧歌、秦腔、豫剧、唢呐艺术、琵琶艺术、东北二人转、苏绣、面人、泥塑、紫檀雕刻、太极拳、剪纸、挑花、相声、象棋、赛龙舟、马戏灯会、庙会、火把节、民间社火、彝族年等,都是快手上的热门国家级非遗代表性项目。非遗戏剧中,京剧短视频的创作者数及观众数最多,昆曲短视频创作者中"00后"的发布偏好度最高,越来越多的年轻人在快手传播家乡非遗和传统文化。如表3-8所示,快手日报发布的原创文章中,提及非遗传承与展示方面的有6篇,涉及民族舞蹈、传统节日、民间曲艺等内容。

表3-8　快手日报发布的非遗传承与展示方面乡村自媒体内容分析

序号	篇名	主范畴	概念范畴
1	一日九瞬:陡峭山路上的孤独骑手	汉族舞蹈、傩舞、英歌会	潮汕地区;英歌舞;舞蹈;汉族;祭祀
2	竹变"万物",只为您一笑	竹艺、创意、手工艺	喝茶;竹子;竹制品
3	鲁绣,我为你代言	鲁绣、手工、传承	鲁绣;绣品;贾喜人;嫁妆
4	年味正浓　家人不远	年味、节庆、仪式	回家;年味;家乡;贴春联;舞龙舞狮;杀猪;年夜饭;祭祖
5	陕北汉子快手吹唢呐吹来十多万听众	唢呐、民间曲艺	张喜林;更多;吹奏;唢呐声
6	快手上的民间社火:记录就是一种保护和尊重	民间社火、非遗	社火;春节;遗产;非遗;物质

4. 农业种植与养殖

农业种植与养殖是"三农"问题的重中之重,利用乡村自媒体传播农业知识也是助力三农发展的创新应用。在乡村自媒体平台上,既有农民种植和养殖能手分享经验,又有农业方面的专家在线教学。比如广西姑娘石兰返乡后在自己的快手账号上(快手ID:canbb1818)发了第一条蚕宝宝的视频，获得了 20 多万的播放量，评论也达到了 400 多条。镜头下，白白胖胖的成虫密密麻麻地躺在叶子上面，激起了快手用户们的兴趣。许明（快手账号名称为"现代农业《讲创业》"，快手 ID：Xiandainongye）在快手课堂里开设了 17 期专题讲座，累计观看人数过万，内容涵盖农业实战经验知识、农产品互联网营销等，让农民学会用快手创业，用手机致富。辽宁省葡萄种植大户"哥种葡萄"（快手 ID：a13841732725）从 2017 年 8 月起，陆续在快手上传了 700 多个关于葡萄种植技术的视频，积累了 14 万粉丝，他开设的葡萄种植直播课场场爆满，目前累计学习人次超过 3500 人等。如表 3-9 所示，快手日报发布的原创文章中，提及农业种植与养殖方面的有 4 篇，内容涉及养猪、种葡萄、种水稻、养蚕。

表 3-9　　快手日报发布的农业种植与养殖方面乡村自媒体内容分析

序号	篇名	主范畴	概念范畴
1	猪瘟重创 9 个月，"后浪"养猪妹的重启之路	养猪妹、养殖	养猪；肖芳；疫情；母猪
2	他在快手教种地，竟有 130 万粉丝跟着学	教种地、种植	农民；知识；三农；技能培训；葡萄
3	用无人机给 450 亩稻田喷肥料，中国农民现在有多先进？	无人机、种水稻	农民；农业；更多；分享
4	进城又回乡，"这一回，我就做个安静的养蚕姑娘"	养殖、记录生活、电商	石兰；养蚕；蚕宝宝；蚕丝；宜州

5. 乡村风景与生活

乡村优美风景与美好生活是乡村自媒体中最普遍的内容。比如张北县国家级贫困村玉狗梁村的许彪从 2019 年春节开始，用快手记录下了奶奶的"瑜伽时刻"（快手昵称："玉狗梁瑜伽老太"，快手 ID：1177636011）；返乡设计师骄子（快手昵称："乡野丽江骄子"，快手 ID：db857938796）在多家短视频平台上注册账号，拍摄并发布以乡野风光和日常美食为主的视频内容；贵州省黎平县纪委派到盖宝村的驻村扶贫第一书记吴玉圣把七个女生凑到一起，组建"浪漫侗家七仙女"（快手 ID：langmannvshen）分享女孩子们做糍粑、下田抓鱼、烧木炭、盛装做伴娘等视频内容等。如表 3-10 所示，快手日报发布的原创文章中，提及乡村风景与生活方面的有21篇之多,内容涉及喂鸡、山路、乡村美食、牧场、农村生活、家乡田园风景等。

表3-10 快手日报发布的乡村风景与生活方面乡村自媒体内容分析

序号	篇名	主范畴	概念范畴
1	让一让,最会赚钱最有趣的快手音乐人来啦	短剧、创作	短剧;创作者;使用量;剪辑
2	一日九瞬:他一搞发明,整个养鸡场都炸了	喂鸡、神器	神器;新发;重量;操作;射速
3	一日九瞬:陡峭山路上的孤独骑手	集贸市场、80年代	年代;博主;时光
		盘山公路、悬崖	单车帝;昭通;腹地;云贵川
4	潮州山哥:短视频里的美味与乡愁	抛秧、乡野、吃桌、烧土窑、美食	视频;自媒体;广州;蜂蜜
5	一条赶海视频两千万观看!那些逃离大都市的新留守青年	牧场、布里亚特文化	布里亚特;蒙古;热爱;牧场
		回乡、田园、美食	打工;新农
6	90后牧民达西的蒙古族部落生活:我家里有1000亩草原	牧场、布里亚特文化、生活	蒙古;牧场;布里亚特;包子;敖包
7	为患病女儿"卖唱",25万老铁陪"刘姥姥"走过坎坷	卖唱、治病	卖唱;李继南;母女;唱歌;刘玉镇
8	农村娃宝军为何有1300万粉丝?	农村娃、农村生活	县城;孩子;窑洞;打工
9	世界很大,人生很长,他们早早当家	农村娃、小哥俩、饭菜、厨艺	成龙;成才;朱玉国;两个;兄弟
10	回望"悬崖村"的下山路	悬崖村、搬迁、幸福	搬家;搬迁;杨阳;大山
11	4700万乡村女性,正在用短视频开启生活的一道光	乡村、女性、短视频	乡村;女性;电商;梁倩娟;麻芳英;记录生活

续表

序号	篇名	主范畴	概念范畴
12	武汉返乡用户快手"云团圆"：同屏互动，亲情直播	返乡、云团圆、互动	二胡；疫情；隔离；亲情；返乡用户
13	宝哥快手一声吼，31吨西瓜全卖走	卖瓜、网红、卡车生活	粉丝；做饭；洋葱；孩子
14	300农民放下锄头拿起画笔开直播：有人年入百万 有人养活全家	直播卖画、直播村、农民画家	王公庄村；老虎；直播；崔秀芬
15	何以为家：大山少女逃离记	大山、光芒、勇气	母亲；刘逢明；乡村；西村；少女
16	"中国瑜伽第一村"火了以后	瑜伽村、脱贫	瑜伽；武启莲；卢文震；梁村
17	2.3亿小镇青年在快手	小镇青年、追梦	小镇；中国；视频；青年报；启蒙
28	快手上的海鲜村，一年165亿次播放背后的故事	海鲜村、直播电商	海鲜；海头镇；电商；陈建康
19	逃离北上广，"90后"女生回乡用"废品"创业，传承非物质文化遗产	返乡、创业、非遗	麦秸秆画；杨丽丽；家乡；手艺人
20	在网红之乡贵州，我实地探访到这些"野生网红"	网红之乡、土特产、野生网红	蕨菜；腊肉；侗族服饰；农村
21	返乡设计师娇子：大山里的快手网红	返乡、网红、设计	拍摄；粉丝；娇子；直播

6. 乡村发明与艺术

乡村自媒体上的乡村发明与艺术极大程度上满足了媒介消费者的文化娱乐需求，也真正体现了"高手在民间""高手在网上"的真谛。农村有很多心灵手巧的工匠和手艺人，他们工作的场景常常自主或被上传到网络并引起关注。在 S 社区调研时，受访者 WJ 是位二胡爱好者，他表示，"我在这块（S 村）生活 70 年了，我以前也当过村主任，那时候就欢喜拉二胡，中间好多年没拉，但现在也会拉。年纪大了没事干，现在不是流行抖音嘛，我也看哎，就是不会发。等我学会了，我就拍一拍我拉二胡的视频，让年轻人看看，也是传统文化哎"。可见，乡村自媒体是村民展示和交流传统乡村文化艺术的重要平台。

从快手平台上发布的内容看，武术、美术、音乐等民间艺术家层出不穷。比如陕北唢呐（快手昵称："陕西林林乐队"，快手 ID：708614651）在快手平台分享自己唢呐演出、练习吹唢呐等和唢呐有关的内容，创建账号一年多的时间就拥有了 11.3 万粉丝；白天收废品，晚上画画的绍兴村民位光明（快手 ID：jacket1974516）在快手上分享并销售自己创作的油画，虽然粉丝不是很多，但快手为他坚持画画提供了动力，也能够获得一些额外收入；山东广饶县大码头镇东流桥村村民解本亮（快手昵称："本亮大叔"，快手 ID：benliangdashu）拿着一把破吉他四处流浪，在自媒体上分享其田间地头忘情歌唱的视频，拥有超过 1000 万粉丝数等。如表 3－11 所示，快手日报发布的原创文章中，提及乡村发明与艺术方面的有 9 篇，内容涉及油画、武术、发明、写诗、唱歌、跳舞等。

表3－11　快手日报发布的乡村发明与艺术方面乡村自媒体内容分析

序号	篇名	主范畴	概念范畴
1	被群嘲的画家：没有六便士，也要追月光	《人民日报》转发、废品、油画	画画；颜料；油画；妻子
2	一日九瞬：他一搞发明，整个养鸡场都炸了	弹射、发明	神器；新发；重量；操作；射速
3	一日九瞬：陡峭山路上的孤独骑手	武术、模仿	高手；模仿；散落；武林
4	在快手上写诗的农妇：和树生活在一起，有时想到死	写诗、农妇	韩仕梅；母亲；写诗；老公；结婚
5	农村夫妻跳曳步舞全网爆红 在阴霾中找到一道光	农村、跳舞	舞蹈；跳舞；丈夫；视频；阴霾

续表

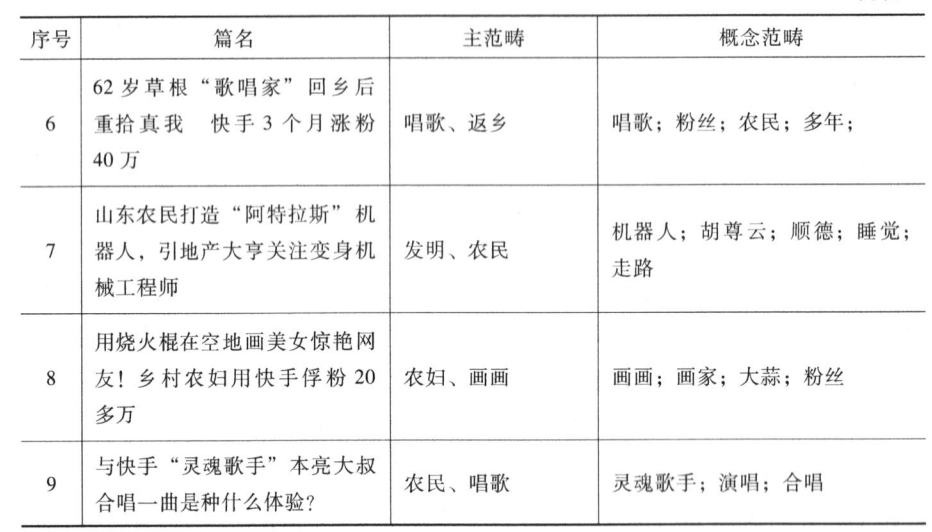

序号	篇名	主范畴	概念范畴
6	62岁草根"歌唱家"回乡后重拾真我 快手3个月涨粉40万	唱歌、返乡	唱歌；粉丝；农民；多年；
7	山东农民打造"阿特拉斯"机器人，引地产大亨关注变身机械工程师	发明、农民	机器人；胡尊云；顺德；睡觉；走路
8	用烧火棍在空地画美女惊艳网友！乡村农妇用快手俘粉20多万	农妇、画画	画画；画家；大蒜；粉丝
9	与快手"灵魂歌手"本亮大叔合唱一曲是种什么体验？	农民、唱歌	灵魂歌手；演唱；合唱

二 有限主动性：消极消费

乡村自媒体的受众消费行为具有有限主动性特征。新媒介传播生态存在主动性和被动性的悖论。王源（2020）指出，传播的主动性带有强烈的幻象特质，尤其伴随着媒介大数据时代的降临，人类越来越没有主体性。即在用户通过新媒介浏览过、搜索过，甚至偶尔关注过某种类型的信息之后，网络新媒介会通过大数据算法不断给用户推送相似、相关甚至相同的内容。乡村自媒体用户在内容的创作传播和消费过程中受主观和客观因素的影响，其行为的主动性也是有限的。主要表现在以下两方面：

一是参与条件的有限性，消费行为仍然要受时间和空间的硬件限制。尤其是网络设施条件和工作时间限制，大多数乡村自媒体用户都是白天工作或劳动，晚上才开始创作或消费自媒体，有些山村的移动网络没有普及，网络信号差，大大减弱了村民使用自媒体的可能性。问卷结果显示，利用白天工作间歇使用自媒体的用户占37.83%，而62.17%受访者都是在晚上睡前使用，且这一比例差异在农村样本中更明显，白天时间使用的农村用户只占33.02%；从使用时长看，大多数受访者每天使用自媒体的时间在2小时以内，这一部分占总样本59.72%，而每天使用4个小时以上的只占6.83%。塔内加等（2012）认为尽管新媒体提供了广泛的平台和内容选择，但受众囿于媒介素养和时间的有限性而通过很窄的菜单来做出选择性消费。

二是参与方式的有限性，表现在积极的媒介消费较少，消极的媒介消费较多。进入移动互联时代，媒介消费的进入门槛变得非常低。正如曲慧和喻国明（2017）所描述的"当一个人拿起手机，就意味着阻断现实社交，进入自己媒介消费角色中"，消费者可以空前自主地安排自己的媒介消费节奏。乡村自媒体市场的媒介消费有积极和消极之分：消极的媒介消费指被动地接受信息或漫无目的地浏览信息，积极的消费指主动地搜索信息，积极地转发、评论、点赞等互动式消费。目前，乡村自媒体消费中，消极的媒介消费行为多于积极的媒介消费行为。从调研的情况看，看短视频比发短视频的要多。如图3-6和图3-7所示，仍有接近一半（49.74%）的受访者表示他们仅仅是观看，即使是在那些会自己编辑发送信息的受访者中，每天至少发一条信息的受访者也只占8.84%。正如一位受访者SQ（55岁，退休社区医生）所说的："没事的时候就看看抖音，常常能看到自己认识的人，都一把年纪了还学人家玩抖音，搞笑。但我自己不发，为什么要发？不是不会发，是不想露那个脸。"也有村民手机上的自媒体是子女们安装的，在子女回乡探亲时偶尔被启用。如受访者HXW所说："我的抖音就是我孙子弄的，孙子今年上幼儿园中班，他一回来就用我手机看抖音，我都不晓得他还会发抖音，现在你看到的我发的这几个视频可能就是他拍的，小孩子瞎玩而已，哪个大人发这东西。"

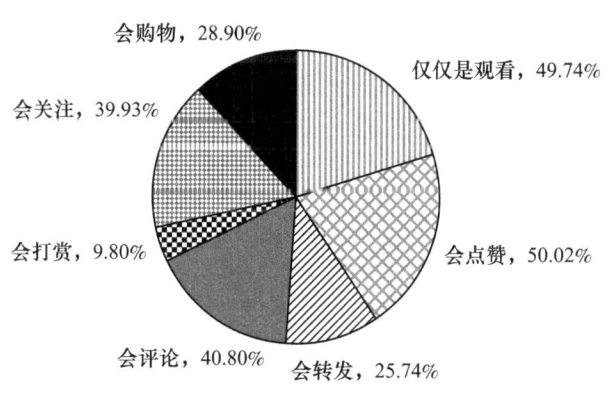

图3-7 用户消费习惯

会购物，28.90%
会关注，39.93%
会打赏，9.80%
会评论，40.80%
会转发，25.74%
会点赞，50.02%
仅仅是观看，49.74%

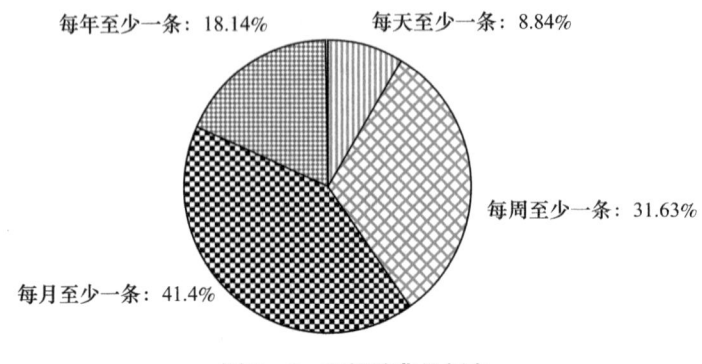

每年至少一条: 18.14%　　每天至少一条: 8.84%

每周至少一条: 31.63%

每月至少一条: 41.4%

图3-8　积极消费的频率

三　娱乐性：精神刺激与情感传播

乡村自媒体乃至自媒体中娱乐消遣相关的内容分发占据大部分。一方面，自媒体多形态的呈现、智能化的分发、随时随地的内容获取为软资讯、娱乐性内容提供了广阔的生存、发展土壤。另一方面，自媒体革命性地提升内容与人的连接效率、无限迎合人性的懒惰与贪婪，不断刺激人的感官和欲望，碎片化、低门槛、内容可接近性高等特点，刺激着使用者的精神需求，大大增加了使用者的网络成瘾概率，有利于娱乐性内容的传播。

> 宝军也对自己的粉丝做过大致的统计，里面大多数都是中老年人。剩下的极少数是年轻人，也基本是环县以及周边自己的熟人……一位粉丝曾总结说，这些中老年粉曾经或正生活在农村。他们关注农村娃宝军，或许更多的是，在宝军的身影里，沉浸着他们追不回的青春、回不去的故乡和抹不掉的乡愁。(摘自快手日报《农村娃宝军为何有1300万粉丝》)

比起传统媒体，乡村自媒体中娱乐现象更为常见。波兹曼认为，信息的非政治化、非严肃化倾向其实就是导向了娱乐，电视画面稍纵即逝却色彩斑斓的性质决定它必须舍弃思想，来迎合人们对视觉快感的需求，适应娱乐业的发展（波兹曼，2015：111）。乡村自媒体中，越来越多的视觉和听觉，甚至触觉等感官刺激，更加速了传播内容生态的娱乐化。调查中，有接近80%受访者表示使用抖音快手等短视频类自媒体能够愉悦身心。

四 模式化：品牌文化标签

乡村自媒体的自我文化或本地文化特征明显，逐渐形成区域品牌。乡村自媒体的用户内容生产取材于当地优势文化资源，已经形成固定模式，这种模式化不仅仅是受制于平台赋予的生产、传播、评价技术，更多的是依据各个地域特色乡村文化资源和传播实践逐渐形成的。有的村镇具有丰富的生态资源，自然风光优美，乡村自媒体聚焦于自然文化；有的村镇手工业、制造业发达，交通方便，成为著名的淘宝村，乡村自媒体聚焦于电商文化；有的村镇历史悠久，具有独特的物质和非物质文化资源，乡村自媒体聚焦于传统文化等。如表3-12所示，快手平台上自推出"三农"专题以来，已经逐渐形成各类具有品牌效应的"快手村"。比如被称为貂皮之城的辽宁佟二堡，全村有2000余商铺在快手上开展直播电商活动，当地主播最多已有200万粉丝；商丘北关镇的画虎村，1300多村民中有800多人会画虎，其中300余人在快手上直播卖画；义乌北下朱村村内99栋商住楼里分布着1000多个品牌，活跃着5000多个网红等。

表3-12　　　　　　　　快手平台上活跃的"快手村"

村镇	标签	特征描述
辽宁佟二堡	貂皮之城	2000余商铺在快手上直播销售，当地主播最高已有200万粉丝
河北玉狗梁村	瑜伽第一村	不曾出过村的奶奶们靠老年瑜伽圈粉了众多年轻人，瑜伽课程收入过万
商丘北关镇	画虎第一村	1300多村民中有800多人会画虎，其中300余人在快手上直播卖画
贵州盖宝村	侗家七仙女	山里的农货和侗家手工艺靠快手走进城市
浙江横店	中国"好莱坞"	快手直播改变了横店的群演们，他们在快手上担任自己作品的主角

续表

村镇	标签	特征描述
义乌北下朱村	网红直播村	村内99栋商住楼内分布着1000多个品牌，活跃着5000余网红

资料来源：笔者根据"快手日报"微信公众号发布的《2019快手内容生态报告》整理。

此外，乡村自媒体的模式化还表现在头部区域对长尾部分的带动和引领。一方面是自媒体平台的品牌化。如上所述，抖音、快手和微信等平台在乡村居民中使用率较高，已形成品牌效应。另一方面是自媒体账户的品牌化。乡村自媒体的传播生态中，"同伴效应"明显，或模式的传导效应明显。即受传统乡土文化中"差序格局"的影响，传统乡土的社会关系在网络空间仍然发挥着重要的作用。无论是影响同伴网络媒介是否使用，还是决定同伴使用网络媒介具体做什么事情，看什么内容，发什么内容等，头部乡村自媒体的作用都非常明显。问卷结果中，有约10%的用户对抖音、快手等短视频的使用是因为家人或朋友的推荐。

五 区域多样性：区域差异

乡村自媒体生产和使用的区域性特征是指受众使用和内容偏好的区域差异。一方面，不同地区用户使用的渠道和网络环境不同，使用的时间段和时长、关注的内容也不同。自媒体根植于移动互联时代互联互通的网络新媒介，理论上是超越区域时空的限制，不会带有明显的区域印迹。但乡村自媒体的发展与社会经济人口等要素具有相似性和一致性，其发展过程存在地理上的圈层效应。即乡村自媒体的普及由较发达地区向欠发达地区蔓延，逐渐形成"中心—外围"的圈层格局，这也与移动互联网在区域的普及发展相关。如相较于北方的一些村庄，南方的农村城镇化建设程度较高，网络普及度也高，城市和乡村的交往互动也较为频繁，村民积极融入城市现代化的生活方式，网络接入率与使用率较高。

另一方面，乡村自媒体中的文化差异明显，这种差异不同于传统乡土文化因地理空间的区隔而存在，而是因个体城乡户籍、年龄职业、教育背景、个性偏好等特征差异而存在，是由于网络亚文化的多元性产生的，具有过滤泡或信息茧房特征。网络自媒体的组织也更倾向于米歇尔·马弗里索提出的"新部落"式表达，即社交不以组织性为基础，更多指一种氛围，不需要紧密的组织，网民可以自由选择所属"部落"，可以自由来去。比如抖音上自媒体账号为"河南磊磊"的河南村民、账号为"乡港割负城"的四川村民等，他们发布的短视频中全部用方言讲解和演绎搞笑视频，诙谐幽默。同时视频中配有普通话字幕，解决了他乡人听不懂的问题，反而让同乡人觉得亲切，让他乡人觉得有趣，有助于不同地区乡土文化之间区隔的破冰。这在线下社会中是难以实现的，但在自媒体上反而成为一种传播的优势。

此外，乡村自媒体的发展在地理上还表现出区域聚集的特征。乡村自媒体市场上存在明显的头部效应。自媒体和一切互联网业态表现一致，呈现出明显的"头部"区域和"长尾"区域之分。头部是大多数平台机构合作或扶持的"网红"，他们有专业的人设、内容和拍摄服务；长尾部分则是大多数普通村民，他们通常以自拍、模仿为主，持续更新能力或创造力不足。因此在自媒体中，表现出明显赢家通吃的"头部效应"，即流量分成、广告投放、读者打赏等收益，以及各类投资几乎都被位于行业头部的"网红"垄断。如表3-13所示，2018年快手平台上播放量前三名的乡镇均属于江浙地区。即便从全国范围来看，也大多数集中在人口和经济社会较发达的地区。这就意味着乡村自媒体传播的广度和深度均有待提高。

表3-13　　　　　　　　2018年快手上播放量前十名乡镇

排名	乡镇	播放量（亿）
1	连云港市海头镇	165
2	金华市横店镇	106
3	连云港市石桥镇	65
4	邢台市侯口乡	55
5	郑州市龙湖镇	51
6	长春市农安镇	48
7	广州市狮岭镇	35
8	济宁市黄岐乡	34
9	哈尔滨市宾州镇	33
10	鞍山市验军街道	31

资料来源：笔者根据"快手日报"微信公众号发布的文章整理。

第四章 乡村自媒体与留守儿童和老人社会化

乡村自媒体的微观媒介效果表现在其对微观个体的影响上。在乡村自媒体使用的问卷调查中，大多数受访者均给予积极的使用评价，表示乡村自媒体有利于帮助自己了解社会、排解压力。其中，超过80%的受访者认为乡村自媒体能够愉悦身心；超过50%的受访者认为乡村自媒体有助于充实生活；还有40%左右受访者认为乡村自媒体有助于了解社会时事和学得知识；另有超过20%的受访者认为乡村自媒体有助于了解国家政策方针、方便和家人朋友交流等。那么，乡村自媒体是否真的具有这些微观媒介效果，它又是如何发挥作用的？实际上如前所述，这都是微观个体对乡村自媒体所建构的网络文化适应所致。接下来，从留守儿童社会化、青少年身心健康和乡村老人主观幸福感等方面加以实证检验。

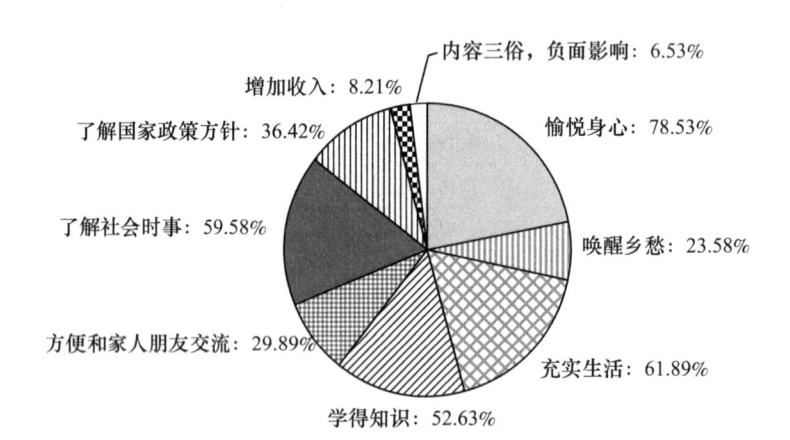

图4-1 乡村自媒体微观效果调查结果

文化是习得的，通过乡村自媒体而习得文化的过程即网络文化适应。社会学家倾向于用"社会化"来描述这一过程，人们正是通过社会化过程而变成社会的或文化的人（鲍尔德温等，2004：8）。吉登斯（1989：87）把社会化描述成无助的小孩通过与他人的接触，而逐渐成为一个有自觉意识、有见识的人，并在特定的文化及环境中应对自如的过程。青少年的网络使用行为是网络治理和网络文化安全治理需要关切的重要议题。另外，留守儿童和老人的生活状况影响着现代乡村社会稳定和发展。一方面，网络虚拟空间与社会客观现实间的种种差异充满诱惑，容易吸引青少年沉迷其中乃至产生网络成瘾（Young，2009），也容易引致老人上当受骗；另一方面，网络媒介提供了广泛的人际交往和海量的学习资源，有助于开拓青少年的视野，辅助青少年学业，充实老年人的生活，这也是不争的事实。例如在2019年年末突发的全球性新冠疫情中，网络媒介第一时间为人们提供了全方位的防疫战"疫"信息，再一次让人们感受到网络传播媒介在公共健康传播应用中的重要性。乡村自媒体的发展改变着乡村居民生活环境的同时，也为乡村留守儿童和老人提供了新的生活空间。

第一节 乡村留守儿童社会化[①]

一 理论分析

第六次全国人口普查数据显示，我国农村留守儿童数量已超过6100万人。伴随着城镇化进程的推进和乡村振兴战略的实施，规模日益庞大的农村留守儿童及其社会化问题已引起社会广泛的关注和政府的高度重视，同时也是近年社会学、人口经济学等学科研究的重点。社会化是个体在特定的社会文化环境中，学习和掌握社会行为方式和人格特征，适应社会并积极作用于社会、创造新文化的过程（赵可云等，2018）。风笑天关于社会化的定义是：研究对照性格与行为特征、生活技能、社会规范、角色认

[①] 本部分主要内容已发表于《华南农业大学学报》（社会科学版）2021年第3期，原名为《网络媒介与农村留守儿童社会化》。

同、社会交往、生活目标和自我意识等方面的发展状况（风笑天，2000）。顺应前人的思路，儿童的社会化程度主要依靠两个来源：一是来自家庭的照顾和教育；二是来自学校对适龄儿童的教育和管理。事实上，改革开放以来在我国城乡经济二元格局下，农村的教育资源相对有限，且近年来城镇化建设加速了农民工进城打工的热潮，农村留守儿童社会化过程中的主要依靠越来越弱。党的十九大报告明确提出，"健全农村留守儿童和妇女、老人关爱服务体系"[①]，农村留守儿童社会化的研究也将伴随乡村振兴战略的实施而持续推进。

为了解决农村留守儿童社会化程度低的困境，必须首先探明农村留守儿童社会化的影响因素。实际上，农村留守儿童社会化研究根植于留守儿童和非留守儿童的社会化比较研究。王水珍和刘成斌从教育社会化、生活社会化、身心健康社会化、人际关系社会化、知识面广度与他人评价五个维度，对留守儿童和流动儿童的社会化程度进行了比较。研究发现，留守儿童的总体社会化效果不如流动儿童（王水珍和刘成斌，2007）。邬定国也认为农村留守儿童在性格、生活技能、人生目标、社会交往以及社会规则的习得方面存在缺陷（邬定国，2006）。张小屏等以民族地区农村儿童为研究样本，从生活技能、人际交往、生活目标、价值观念、自我意识和社会行为等方面对乡村留守儿童和非留守儿童的社会化现状进行了比较研究，也得出相似的结论（张小屏等，2018）。因此，有学者探索影响留守儿童社会化的相关因素。其中，学校教育乏力是农村留守儿童社会化中面临的主要困境（邓纯考，2012），家庭功能的缺失或弱化是影响留守儿童正常社会化的一个重要因素（王秋香，2006；岳天明和原明明，2008），其中包括家庭的教育功能、情感功能和保护功能（王圆圆，2009）。而随着劳动者工作强度、儿童抚养的精细化水平和育儿成本的提高以及规模空前的人口流动，家庭照顾功能的弱化十分显著，"照顾赤字"问题严重（岳经纶和范昕，2018），留守儿童的家庭照顾更是难出其右。我们认为随着农村家庭对电视、广播、报纸等传统媒介拥有度的不断提升，互联网、智能手机等新媒介也广泛普及，很多家庭将手机、平板电脑作为儿童娱乐和异地交流的工具，媒介接触在留守儿童社会化过程中扮演着重要角色，

---

① 习近平：《决胜全面建成小康社会　夺取新时代中国特色社会主义伟大胜利——在中国共产党第十九次全国代表大会上的报告》，人民出版社2017年版，第47页。

是弥补家庭和学校对农村留守儿童教育缺失、平衡照顾赤字的重要工具，对留守儿童社会化有着十分重要的影响。

以自媒体为代表的网络媒介对留守儿童社会化影响的实证研究属于跨学科研究领域，既涉及媒介传播学的效果理论，又运用了实证经济学的计量方法，研究的问题又属于社会学范畴。肇始于20世纪初的媒介效果研究，聚焦于媒介对受众的态度、认知和行为的影响（薛可等，2018），在对"媒体是无限强大"的理念的追逐和发展下，产生了皮下注射、两级传播、使用与满足等经典理论（泰勒和威利斯，2005）。在此过程中，媒介使用的研究开始走向微观层面的深化和精细化（廖圣卿，2008），逐渐意识到受众的主观选择行为，尤其是将受众作为一个社会群体的组成：（1）媒介使受众获得虚拟在场，使其获得先前只有亲身经历才能获得的体验。如斯坎内尔对广播电视在不经意中一天天、一年年保持所有人的生活和习惯的方式作过有益的分析（Scannell，1988），实际上就是关注媒介在构筑时间和将私人领域社会化当中的作用；（2）媒介增进象征意义上的社会群体和国家统一。将个人及其家庭与国家核心生活联系起来，赋予受众一个自我和国家社会的形象，让国家成为一个可以认知的社会群体，给予受众通向它的象征性路径，提供了一条接触社会群体的路径。广播电视技术的成就在于提供受众一个认同空间，将国家观念演化成亲历的体验、情感和日常事务。因此，马丁从拉美的角度出发，认定传播媒介的关键作用就是将大众转变为一国人民，将一国人民转变为一个民族（Martin，1988）。近来效果学派还关注媒介使用对受众生活、娱乐、健康等多个层面的影响。如魏小津（2019）认为，自媒体发展打破了时空壁垒，使得健康传播媒介的外延扩大，传播效率显著提升。但是过度使用互联网可能会对健康产生负面影响（Do 等，2020）。马歇尔等就回顾了青少年媒介使用和体脂率、体育活动之间的联系，发现媒介使用还会影响青少年的身体健康（Marshall et al.，2004）。

互联网的发展正在全方位改变着农村居民的生产、生活方式，当前中国政府也是希望通过互联网技术普及与应用促进中国经济社会的全面发展（程名望和张家平，2019）。媒介使用建构着人际传播的语境和互动行为，成为人际社会关系的建立、发展及维系过程中不可或缺的因素（胡春阳，2015）。在线媒介的使用会促进人们维持既有的社会关系网络，使得社会网络中的弱关系更加稳固（郭羽，2016）。通过描述留守儿童的媒介使用行为，不难发现媒介在留守儿童日常生活中占据重要位置（张轶楠和陈锐，2007）。吕萌调查发现，农村儿童的手机使用已经超过课外书和电视，且其媒介使用内容偏好以娱乐休闲为主（吕萌，2017）。根据媒介系统依赖理论，儿童与媒介的依赖关系主要表现在理解、行动定向和娱乐方面（赵可云等，2018）。留守儿童过度地依赖媒介，非理性地使用媒介且缺乏辨别媒介内容的训练，会对其社会化产生负面效果。如杨靖指出，农村留守儿童长时间地收看电视，对其同伴之间的社会交往活动产生了挤出效应（杨靖，2014）。而李艳红和刘晓旋通过对广东揭阳市12名留守儿童的调查访谈，考察电视和留守儿童日常生活的关系，得出了相反的结论。研究发现，愉悦构成了留守儿童电视观看最自然的一面，"看电视"恰恰是留守儿童应对父母生活缺失的一种反应或策略，体现了他们对"愉悦"的积极追求和对自我现实的关照，他们从中获得快乐、理解生活，甚至获得继续生活的力量（李艳红和刘晓旋，2011）。

实际上，媒介接触影响社会化的理论基础可以追溯到社会化的定义。如上所述，社会化是人们习得社会规则、角色和价值的过程。社会化是一种教条灌输，一方面由家庭、学校、教会等机构正式进行，另一方面透过各种媒介非正式地进行。不论哪种方式，人的社会化就是被传授一些符码，而大部分符码与个体特有的社会阶级、地理位置以及种族等存在关系（伯格，2011）。在媒介化社会中，这些符码就是媒介建构的文化符号（邵培仁，2009）。杨岭和毕宪顺指出，乡村文化逐渐衰弱，文化认同度降低，乡村文化出现断裂，而乡村文化恰恰对留守儿童具有较大教育功能，通过家庭、学校、邻里社区树立留守儿童对乡村文化的认同，有利于推进社会化发展（杨岭和毕宪顺，2017）。戎青研究发现留守儿童是具有主动性的电视观众，他们使用电视媒介过程中带有自觉意识，自觉地利用电视汲取知识，形成了积极的自我认同，电视在其人际关系建构、价值观塑造等社会化方面扮演了积极的角色（戎青，2013）。

更进一步地，从经济学视角和文化认同理论出发，文化认同是形成文化资本或社会资本的重要条件。社会资本只存在于社会关系中，而社交网络媒介是社会系统的一部分（Jiang & Carroll，2009）。科尔曼（1988）和帕特南（2001）研究发现，身份纽带（identity bond）是产生社会资本的基础，通过身份纽带，人们可以感知和认知他们共同之处，并在这些共同性上相互认同，而这里产生认同的纽带就是把人们联系在一起的网络媒介。基于此，社会认同理论（Social Identity Theory, SIT）（Ashforth & Mael, 1989; Brown, 2000; Stets & Burke, 2000; Trepet, 2006）进一步指出普遍存在的社会类别和身份能帮助大多数人形成自我，解释群体偏见，理解刻板印象等，有助于解释个体和集体交互之间的认知行为。根据这一理论，任雨晴等提出的网上社区建设中，将身份附件理解为个体因为喜欢整个群组而留在群内的原因；而将纽带附件理解为个体因为喜欢群组内的其他个体而留在群内的原因（Ren, Kraut, & Kiesler, 2007）。社会认同理论进一步指出关系和网络也是一系列社会互动的后果。因此，身份认同更具有遗传性，是关系产生的基础之一，在它的作用下，关系和网络可以与社会资本同时出现。由于印刷媒介及随后的广播电视媒介形成了大众，而大众开始设想社会群体和种族主义，在此历史经历下，人们普遍假定媒介注定在推进文化和认同中发挥重要作用（莫利和罗宾斯，2001）。

综上所述，网络媒介接触能够促进农村留守儿童的社会认同和文化认同，增加其社会资本，从而影响其社会化程度。"00后"一代新的农村留守儿童伴随着移动互联时代的发展和网络媒介在乡村的普及，他们成长的社会化环境发生了巨大变化，网络媒介在其社会资本累积和社会化建构过程中扮演怎样的角色更加值得深思。

二 变量、数据及方法说明

首先，本部分的研究对象是乡村留守儿童，数据来源于北京大学中国社会科学调查中心公布的2016年中国家庭追踪调查（CFPS）数据，研究样本具有三个特征：（1）17岁及以下，本书选取有自答能力的10—15岁儿童样本，他们出生年份为2001—2006年，也是所谓的"00后"一代；（2）父母双方或一方外出打工半年及以上，通过问卷题项"过去12个月与父亲或母亲同住多久"来判断；（3）农村户口，使用国家统计局资料中城乡分类来判断。回归检验时剔除在回归变量相关问题上作出"拒绝回答""不知道""不适用"回答的缺失个案，最终得到671份有效问卷，其中男孩352人，女孩319人。

其次，2019年诺贝尔经济学奖授予了三位发展经济学家，以表彰其"在减轻全球贫困方面的实验做法"，他们的一个重要贡献在于将随机实验方法引入经济学研究中。受其启发，同时鉴于研究样本来自微观调查数据，这里采取基于倾向得分匹配的因果推断模型进行实证分析，属于准自然实验。根据穆勒在《逻辑体系》中的界定，判断变量间的因果关系需要满足三个条件：第一，前因后果，即在时间顺序上，作为"因"应当在"果"之前就已经存在；第二，如果"因"发生了变动，那么"果"也应当发生相应的变动；第三，在考虑了其他尽可能多的控制变量（Control Variable）后，"因"对"果"仍然有影响。所以因果关系推断的依据就是，在尽可能地剔除可能混淆因果关系的其他变量的影响后，得到"因"对"果"的净效应（Net Effect）（黄斌等，2017）。倾向得分能够较好地控制社会科学研究中普遍存在的选择性偏误问题（胡咏梅和唐一鹏，2018），倾向得分匹配法的基本思想是将影响因变量的各种因素作为协变量，并据此来模拟随机分组，使得分组后的两个子样本在所有特征变量上均没有显著性差异。

再次，社会化水平指标是本书的关键被解释变量，借鉴风笑天、王水珍和刘成斌、张小屏等人的研究（风笑天，2000；王水珍和刘成斌，2007；张小屏等，2018），该指标由问卷中的理解能力、健康状况、衣装整洁程度、智力水平、待人接物水平和语言表达能力等指标加权平均得到。各指标数值均由7级李克特量表决定，范围从"很差"到"很好"，分别对应着数值1，2，3，4，5，6，7。因此数值越大，表示相应的社会化水平越高。其中"衣装整洁程度"用来衡量留守儿童的生活自理能力。

网络媒介使用行为和网络媒介使用偏好是本节刻画留守儿童网络媒介接触的核心解释变量。网络媒介使用行为是从"是否移动上网"和"是否电脑上网"两个问题中析出，只要有一个问题的答案为"是"，则变量取值为1，否则取值为0；网络媒介使用偏好是从调查问题"使用互联网学习的频率（次）""使用互联网社交的频率（次）"和"使用互联网娱乐的频率（次）"中分析得来，分别表示网络媒介使用的学习、社交和娱乐的偏好。变量的数值由7级李克特量表决定，范围从"几乎每天"到"从不"，分别对应着数值1，2，3，4，5，6，7。在实证检验时做哑变量处理，当使用频次大于"一周1—2次"时取值为1，否则取值为0。

最后，选取"共用模块问卷"中的"父母是否知道你和谁在一起""过去一个月和父母谈心次数""过去一周锻炼次数"及性别、教育支出等人口统计特征变量和家庭特征变量作为匹配特征变量。其中，"父母是否知道你和谁在一起"（总是知道=1，大部分时候知道=2，有时候知道=3，偶尔知道=4，从不知道=5）和"和父母谈心次数"分别用来替代父母监督和父母交流变量，用以衡量父母对农村留守儿童的教育和关心程度；受访者性别（女性=0，男性=1）采用虚拟变量处理；教育支出用过去一年教育总支出来衡量，实证检验时取对数值。

各变量的描述性统计和主要被解释变量的分组检验结果分别如表4-1和表4-2所示。首先，从各变量的均值可以看出，"00后"一代农村留守儿童平均社会化水平较高，但仍存在提升的空间。其中，留守儿童在智力水平、待人接物水平和语言表达方面表现得相对较差，这也从侧面反映出留守儿童家庭教育缺失所带来的主要负面影响。另外，农村留守儿童网络媒介依赖程度较低，没有出现赵可云等所述的严重影响其学习行为与日常生活的媒介依赖症，相反在媒介使用偏好方面，留守儿童对使用网络媒介学习和社交表现出较大的偏好。

表4-1　　　　　　　　变量的描述性统计结果

变量	均值	标准差	最小值	最大值
社会化水平	5.7290	0.9474	2.3333	7
理解能力	5.7407	1.0713	2	7
健康状况	5.9225	0.9526	2	7
衣装整洁程度	5.7809	1.0372	2	7
智力水平	5.7198	1.0547	2	7
待人接物水平	5.6468	1.1840	1	7
语言表达能力	5.5633	1.2333	1	7
网络媒介使用行为	0.4143	0.4930	0	1
网络媒介使用学习偏好	0.67958	0.4670	0	1
网络媒介使用社交偏好	0.8048	0.3967	0	1
网络媒介使用娱乐偏好	0.7928	0.4056	0	1
性别	0.5246	0.4998	0	1
教育支出（对数）	6.9998	1.4301	0	9.7981
父母监督	2.4694	1.1311	1	5
体育锻炼	2.1818	2.6916	0	14
父母交流	1.5156	3.1228	0	30

此外，使用网络媒介的分组样本社会化水平均值显著高于不使用网络媒介的样本，并在5%的显著性水平下通过检验。初步发现，农村留守儿童网络媒介的使用行为能够显著提高其社会化水平。同理，网络媒介使用行为同时能够显著提高留守儿童的理解能力、生活自理能力、语言表达能力，并且能够改善留守儿童的健康状况。

表4-2　　　　主要被解释变量按是否使用网络媒介分组 T 检验

变量	使用网络媒介（N=278）均值	标准差	不使用网络媒介（N=393）均值	标准差	T 检验 差值	P 值
社会化水平	5.8321	0.9100	5.6560	0.9675	0.1761**	0.0176
理解能力	5.8813	0.9708	5.6412	1.1276	0.2401***	0.0042
健康状况	6.0324	0.8639	5.8448	1.0045	0.1876**	0.0119
衣装整洁程度	5.8885	0.9791	5.7048	1.0711	0.1837**	0.0237
智力水平	5.7914	1.0336	5.6692	1.0678	0.1222	0.1396
待人接物水平	5.6942	1.1820	5.6132	1.1858	0.0810	0.3830
语言表达能力	5.7050	1.1555	5.4631	1.2776	0.2419**	0.0122

注：表中"**、***"分别表示在5%、1%水平下显著。

三　实证结果分析

1. 网络媒介使用行为影响留守儿童社会化的总体回归结果分析

为更好地观测网络媒介使用与否对推进农村留守儿童社会化影响强度的结果，通过最小邻域匹配方法为实验组在控制组中找到匹配组后，计算使用网络媒介的平均净效果（Average Treatment on the Treated，简称ATT），并同时采取核匹配和局部线性回归匹配方法对实验组和控制组进行匹配，来检验匹配结果的稳健性。三种匹配结果均通过平衡性检验，匹配后 ATT 计算结果如表4-3所示。在总体社会化水平方面，两组留守儿童的社会化水平分别是5.8273和5.6842，匹配后使用网络媒介的农村留守儿童的社会化水平比不使用网络媒介的留守儿童高14.31%（改变1.25%），并在1%的显著性水平下显著，这说明使用网络媒介能显著改善留守儿童的社会化水平。核匹配和局部线性匹配的结果与最小邻域匹配法趋于一致，甚至在使用网络媒介对留守儿童社会化水平提高的程度上表现得更高。

表4-3　　　网络媒介使用行为对社会化水平提高的总体效果评估

变量	样本	最小邻域匹配	核匹配	局部线性回归匹配
社会化水平	实验组	5.8273	5.8273	5.8273
	控制组	5.6842	5.6995	5.6979
	ATT	0.1431***	0.1278**	0.1294*
		(0.0710)	(0.0786)	(0.1147)
	改变（%）	1.25	2.24	2.27

注：表中"*、**、***"分别表示在10%、5%、1%水平下显著，括号内为标准误。

2. 网络媒介使用行为对各类社会化水平提高的评估

为了进一步理清网络媒介使用对留守儿童社会化水平影响的情况，从理解能力、健康状况、生活自理能力、智力水平、待人接物水平和语言表达能力六个社会化水平表现方面进行匹配检验，并通过平衡性检验证明了以上匹配均是合理有效的。匹配前后各项社会化水平的变化如表4-4所示。

表4-4　　　网络媒介使用行为对各类社会化水平提高的评估

变量		实验组	控制组	ATT		改变（%）
理解能力	匹配前	5.8813	5.6412	0.2401***	(0.0835)	4.26
	匹配后	5.8768	5.6781	0.1987***	(0.0786)	3.50
健康状况	匹配前	6.0324	5.8448	0.1876***	(0.0744)	3.21
	匹配后	6.0290	5.9040	0.1250*	(0.0683)	2.12
生活自理能力	匹配前	5.8885	5.7048	0.1837***	(0.0810)	3.22
	匹配后	5.8841	5.7307	0.1534**	(0.0772)	2.68
智力水平	匹配前	5.7914	5.6692	0.1222	(0.0826)	2.15
	匹配后	5.7862	5.6854	0.1008	(0.0808)	1.77
待人接物水平	匹配前	5.6942	5.6132	0.0810	(0.0928)	1.44
	匹配后	5.6884	5.6310	0.0574	(0.0895)	1.02
语言表达能力	匹配前	5.7050	5.4631	0.2419***	(0.0963)	4.43
	匹配后	5.6993	5.4758	0.2234***	(0.0910)	4.08

注：表中"*、**、***"分别表示在10%、5%、1%水平下显著，括号内为标准误。

在理解能力方面，匹配前使用网络媒介的留守儿童（实验组）比未使用网络媒介的留守儿童（控制组）社会化水平高出24.01%，并在1%的显著性水平下显著。经过匹配后发现，这一净效果变为19.87%，同样也在1%显著性水平下通过了显著性检验，说明经过匹配后，使用网络媒介的留守儿童在理解能力上显著高于未使用网络媒介的留守儿童，且特征变量对留守儿童的理解能力也具有一定的影响。

在健康状况方面，匹配前实验组与控制组之间的差值为18.76%，且在1%显著性水平下显著。匹配后使用网络媒介留守儿童的健康状况仍然比未使用网络媒介的留守儿童高出12.5%，尽管显著性降低，但仍通过检验。这与常识性判断存在较大差异。一般认为，使用网络媒介不利于青少年的身心健康。出现这一结果原因可能跟留守儿童使用网络媒介的时间和偏好有关，适度合理地使用网络媒介对留守儿童的健康状况有益无害。这一点在下文还将具体讨论。

生活自理方面，匹配前使用网络媒介的留守儿童要显著优于未使用网络媒介的留守儿童，平均效果要高出18.37%，并在1%的显著性水平下显著。经过匹配后，实验组与控制组之间的差值为15.34%，在5%的显著性水平下通过了检验，说明在生活自理方面，相比较未使用网络媒介的留守儿童，使用网络媒介的留守儿童该能力更强。在语言表达方面，实验组与控制组在匹配前差值为24.19%，匹配后这一净效果变为22.34%，并均在1%显著性水平下通过了检验，说明使用网络媒介的留守儿童具有更好的语言表达能力。

需要指出的是，在智力水平方面，实验组和控制组在匹配前与匹配后的差值分别为12.22%和10.08%，但在统计上不显著。同样的情形还出现在待人接物方面。虽然匹配前的实验组与控制组之间的差值为8.1%，匹配后这一净效应为5.74%，但这两个结果均在统计上不显著。说明从实证样本的检验结果看，是否使用网络媒介对留守儿童的智力和待人接物能力并没有显著影响。

3. 网络媒介使用偏好对留守儿童社会化影响的检验

网络媒介使用行为确实能提高农村留守儿童社会化水平，而不同的网络媒介使用偏好对农村留守儿童社会化水平的影响表现出结构性差异。匹配后，具有网络媒介学习偏好的留守儿童的社会化水平要显著高于不具有网络媒介学习偏好的留守儿童，平均效果要高出25.05%，并在10%的显著性水平下通过显著性检验,这说明网络媒介接触弥补了农村留守儿童学校教育的不足。类似地,偏好于使用网络媒介进行社交的留守儿童与不具有网络媒介社交偏好的留守儿童的社会化水平相差20.31%,并在10%显著性水平下通过检验。而是否具有网络媒介娱乐偏好对于农村留守儿童的社会化水平影响不显著,偏好于使用网络媒介进行娱乐的留守儿童的社会化水平并没有显著高于不使用网络媒介娱乐的留守儿童。

进一步的实证检验可以发现,农村留守儿童的网络学习偏好有助提高其生活自理能力和待人接物水平,而对其智力水平、语言表达能力的促进作用并不显著,这可能是因为大部分留守儿童在使用网络媒介学习时都是一种个人行为,不需要和别人交流。而令人意外的是,网络媒介学习偏好能显著改善留守儿童的健康状况,这点也违背了常识性判断。这可能是因为在研究样本中,网络媒介学习能够帮助留守儿童获得更多关于健康生活的知识。此外,网络媒介社交偏好能够显著提高留守儿童的理解能力、生活自理能力和语言表达能力。说明与学习偏好不同,具有网络媒介社交偏好的留守儿童,倾向于积极参与社会交互活动,在与父母和朋友的交互过程中提高其相应的社会化能力。实际上,和父母交流是农村留守儿童使用网络媒介的主要动机,网络媒介在很大程度上弥补了留守儿童家庭功能缺失的不足。这点是传统媒介所无法比拟的。不管何种网络媒介使用偏好,对农村留守儿童智力的影响均不显著,这与前面的检验结果一致。

表4-5　　　　网络媒介使用偏好对社会化水平提高的效果评估
（最小邻域匹配法）

变量	网络媒介学习偏好 ATT	网络媒介社交偏好 ATT	网络媒介娱乐偏好 ATT
社会化水平	0.2505*	0.2031*	0.1542
	(0.1576)	(0.1234)	(0.1197)
理解能力	0.1786	0.2158*	0.1327
	(0.1185)	(0.1345)	(0.1299)
健康状况	0.2842*	0.1697	0.1320
	(0.1560)	(0.1275)	(0.1120)

续表

变量	网络媒介学习偏好 ATT	网络媒介社交偏好 ATT	网络媒介娱乐偏好 ATT
生活自理能力	0.3347*	0.3347*	0.1376
	(0.1733)	(0.1733)	(0.1388)
智力水平	0.1417	0.1887	0.1496
	(0.1792)	(0.1363)	(0.1343)
待人接物水平	0.3122*	0.1279	0.0697
	(0.1892)	(0.1628)	(0.1521)
语言表达能力	0.2517	0.3075*	0.3033*
	(0.2304)	(0.1596)	(0.1585)

注：表中"＊"分别表示在10%水平下显著，括号内为标准误。

4. 基于社会信任的中介效应分析

中介过程提供了"x对y的作用机制"（MacKinnon & Fairchild, 2009；温忠麟等, 2005）。因此，为了厘清网络媒介使用对留守儿童社会化水平的作用机制，引入中介效应分析。据理论分析结果，网络媒介影响留守儿童社会化的中介变量是社会认同，根据薛可等的研究（薛可等, 2018），以社会信任为中介变量的替代变量，其均值和标准差分别为 5.6237 和 1.3154。表 4-6 中，模型（1）—（3）是中介模型依次检验结果，模型（4）是 Bootstrap 法检验结果。

模型（1）中显示，网络媒介使用对留守儿童社会化作用的总体效应显著，而模型（2）中网络媒介使用对社会信任的回归结果不显著，无法判断间接效应是否显著，需做进一步检验。模型（4）结果显示，通过自助法检验，间接效应显著，存在中介效应。模型（3）中，直接效应系数为 0.1307，在 10% 的显著性水平下通过显著性检验。比较直接效应系数和间接效应系数的符号发现，社会信任在网络媒介使用作用社会化水平过程中的中介效应属于部分中介效应，且中介效应占总效应的比例为 7.98%。值得注意的是，中介模型回归结果中显示父母的监督和交流对留守儿童社会化的作用为负，这就意味着"穷人家的孩子早当家"，农村留守儿童尽管在家庭教育方面有所缺失，但从小培养了独立自理的能力，网络媒介的使用能为留守儿童提供广泛接触社会的机会，增强其对社会的信任,从而提高其社会化水平。

表4-6 网络媒介使用对留守儿童社会化影响的中介效应检验

变量	(1) 社会化水平	(2) 社会信任	(3) 社会化水平	(4) 社会化水平
网络媒介使用	0.1333*	0.0328	0.1307*	0.1307*
	(0.0756)	(0.1067)	(0.0753)	(0.0759)
社会信任			0.0814***	0.0814***
			(0.0286)	(0.0284)
性别	-0.0583	-0.0153	-0.0570	-0.0570
	(0.0729)	(0.1034)	(0.0725)	(0.0709)
教育支出	0.0433	0.0579	0.0386	0.0386
	(0.0264)	(0.0365)	(0.0261)	(0.0258)
父母监督	-0.0692**	-0.0864*	-0.0621*	-0.0621*
	(0.0340)	(0.0467)	(0.0342)	(0.0346)
体育锻炼	0.0338**	0.0561***	0.0293**	0.0293**
	(0.0132)	(0.0182)	(0.0133)	(0.0134)
父母交流	-0.0064	-0.0064	-0.0058	-0.0058
	(0.0110)	(0.0138)	(0.0109)	(0.0115)
常数项	5.5079***	5.3137***	5.0756***	5.0756***
	(0.2088)	(0.2796)	(0.2698)	(0.2710)
观测值	671	671	671	671
R^2	0.0301	0.0247	0.0425	0.0425

注:表中"*、**、***"分别表示在10%、5%、1%水平下显著,括号内为稳健标准误,模型(4)中迭代次数为1000次。

第二节 乡村老人主观幸福感

家庭是乡村最重要的社会制度,也是传统差序格局的核心组织。家庭关系方面,传统乡村社会子女一旦成年结婚就会分家,女儿嫁到别处,老人通常和儿子一起生活，没有儿子就自己生活或由女儿照顾，有多个儿子的就轮流照顾。现在乡村中，青年人很多都外出打工，对留守老年人来说，还担负着照顾孙子的任务。不管儿子女儿，谁的孩子需要老人带，老人就跟谁过，即便是自己单独生活的老人也不孤单，因为有自媒体，既可以打发时间，又可以用来哄娃。且乡村自媒体中有大量的反映母慈子孝、家庭和睦的内容，将中华民族尊老爱幼的传统美德传遍网络，这些内容深受老百姓的喜爱，对新时代乡村家庭关系大有裨益。此外，随着城镇化的发展，农村青壮年进城求学或务工，乡村的主要劳动力都变成了老年人，老年人接触和使用网络所带来的自身生活状态的改变十分值得关注，尤其是网络对乡村老年人幸福感的影响也是乡村自媒体研究中不可忽视的问题。

文化是影响幸福的重要因素（Ye et al.，2015）。亚里士多德曾说，人活着的目的应该是让自己开心，但人们终其一生忙碌又受罪，想到这些还真是让人不解。艺术创作的落脚点，就是满足人民对美好生活的向往，服务经济发展，帮助人们实现马斯洛需求框架中更高层次的精神文化需求。也就是说，艺术对幸福感具有积极的影响（Powdthavee，2015）。甚至有实证研究表明文化艺术对个体主观幸福（subjective well-being）的积极作用仅次于健康状况（Grossi et al.，2012）。程芙蓉（2015）指出民间艺术成为脱贫致富的手段，加之产业化，是现代经济转型升级发展的重要助推力，能促进地域经济增长。

此外，经济学家认为，减少工作时间或用更多的时间做喜欢的事情就是美好生活。凡·博文（2005）、阿克等（2011）、吉洛维奇等（2015）研究发现，财富和时间的自由比其他等量的物质资产更能使人幸福。近来已有许多文献致力于探索艺术影响个体幸福程度的因素。布赖森和麦克伦（2017）发现除心理状态、经济状况、消费方式、个体特征等因素外，生活艺术和体育活动对幸福度影响最大。张苏秋（2020）的研究认为，扩展个体的社会资本能够提升其幸福感。那么，以乡村自媒体为代表的网络媒介能够提高乡村老人的社交范围，丰富乡村老人的闲暇生活，故而也能在一定程度上提高乡村老人的幸福感。

一 研究样本、研究方法与变量设定

数据仍然采用北京大学中国社会科学调查中心公布的2016年中国家庭追踪调查（CFPS）数据。结合世界卫生组织和联合国人口基金的年龄标准，将60岁以上包括60岁的人群界定为老年人，并依此选择研究样本。回归检验时剔除在回归变量相关问题上作出"拒绝回答""不知道"回答的缺失个案，最终得到3853份有效问卷，其中男士1978人，女士1875人。

在社会科学的实证研究中，中介效应模型被广泛应用于自变量对因变量的影响过程和作用机制分析中。为了厘清网络媒介使用影响乡村老人幸福感的作用路径，构建中介效应模型（温忠麟和叶宝娟，2014；彭晖等，2018），进行中介作用分析。中介效应检验模型需满足三个条件，即（1）解释变量和中介变量显著相关，即总效应显著；（2）中介变量和被解释变量显著相关；（3）包含中介变量的回归结果中，被解释变量与解释变量的相关关系比不存在中介变量时更弱或变得不显著。麦金农等（2000）认为，条件（1）可以不满足，因为间接效应的符号可能和直接效应的符号相反，使得总效应不显著，此时中介效应也称为"遮掩效应"。进一步地，温忠麟等（2012）将总效应不显著的情况归入广义中介分析中。

乡村老人的主观幸福感除了和自身身体健康状况、生活条件等客观因素有关外，主要还由两个方面提供。一是家庭内部关系，即老人与子女及子女之间的关系。传统的乡村讲求老有所养，老有所依，人到老年只要儿孙满堂，子女孝顺，就会倍感幸福。二是家庭外部关系，即老人的社会认同程度。社会对老人的关怀也会很大程度上影响老人的幸福感。尤其是政府为老人提供的养老金、养老政策等养老服务，能让老人感受安全、公平与公正，也是影响老人幸福感和获得感的关键。而老人大量地接触网络，使用乡村自媒体并获得信息和服务，网络自然也就关系到老人对外部社会的感知。故将社会认同和家庭关系作为分析网络媒介影响乡村老人主观幸福感的中介因素。

如图4-2所示，a表示自变量对中介变量的回归系数，b表示中介变量对因变量的回归系数，a与b的乘积即为中介效应。

主观幸福感。我们用生活满意度替代主观幸福感。韦杰斯和贾登

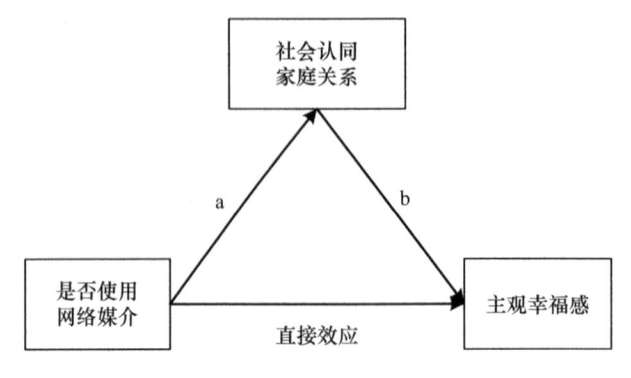

图 4-2 中介效应模型示意图

（2013）指出，用国内生产总值衡量社会福利的经济办法没有充分考虑生产、收入和财富的相关因素，也没有抓住价值关系和健康对幸福的影响。艺术类文化产品或活动表现出某些特定的文化价值，计算影子价格可能会产生较大误差。主观幸福感反映了人们是如何体验他们的生活质量，包括情绪反应和认知判断。布赖森和麦克伦（2017）综合考虑了"总体满意度"（overall happiness）和"具体领域满意度"（domain satisfaction），其具体领域满意度包括工作和休闲满意度。故我们用乡村老人的生活满意度来衡量其主观幸福感。指标从问题"对自己生活的满意度"中析出，数值由五级李克特量表衍生而来，分别从"很不满意"到"非常满意"，对应着数值1、2、3、4、5。

乡村自媒体的使用。调研中发现，乡村自媒体是乡村居民使用的主要网络媒介形态，故选取网络媒介使用行为刻画乡村老人自媒体使用的核心解释变量。具体变量是从"是否移动上网"和"是否电脑上网"两个问题中析出，只要有一个问题的答案为"是"，则变量取值为1，否则取值为0。

如前所述，社会信任和家庭关系变量作为分析网络媒介影响乡村老人主观幸福感中介效应的中介变量。其中，社会信任从问卷中"对本县市政府评价"中析出，数值为五级李克特量表，从1到5分别对应着"比之前更糟了""没有成绩""没有多大成绩""有一定成绩""有很大成绩"；家庭关系从问卷中"过去6个月您和您的子女的关系如何"直接析出，答案包括"很不亲近、不亲近、一般、亲近、很亲近"，数值对应着从1到5。

另外，选取性别、年龄、信仰等人口统计特征变量和身体健康状况作为控制变量。其中身体健康状况也是从问卷中五级李克特量表"您认为自己健康状况如何"析出，虽然有失客观，但在受访者的主观回答中能够反映其对自己健康状况的估计，也能反映其幸福程度。

二 回归结果分析

在回归之前，对被解释变量和中介变量进行分组均值检验，结果如表4-7所示。可以发现，使用网络媒介的乡村老人在家庭关系方面要显著优于不使用网络媒介的老人，意味着乡村自媒体的使用有助于改善老人与子女的家庭关系，增进老人和子女之间的感情；但是在社会信任方面却显示出相反的结论，那些常使用网络的乡村老人对社会的信任程度（平均值）反而低于不使用网络的样本，初步判定当前的网络媒介上的信息传播不利于增强乡村老人心目中的社会可信度。

表4-7　　　　　　　　样本分组均值差值 T 检验

	实验组			控制组			差值	P 值
	样本数	均值	标准差	样本数	均值	标准差		
生活满意度	57	3.8421	1.0486	3796	3.843	1.078	0.0009	0.9951
社会信任	57	3.5614	0.9262	3796	3.5798	0.8995	0.0184	0.8781
家庭关系	57	4.4912	0.8477	3796	4.2587	0.9543	-0.2325	0.0675

1. 总体回归结果分析

为更好地观测网络媒介使用与否对农村老年人主观幸福感影响强度的结果，我们通过最小领域匹配方法为实验组在控制组中找到匹配组后，计算使用网络媒介的平均净效果 ATT，并同时采取核匹配和局部线性回归匹配方法对实验组和控制组进行匹配，来检验匹配结果的稳健性。后两种匹配结果均通过平衡性检验，匹配后 ATT 计算结果如表4-8所示。

从核匹配的结果看，两组乡村老人的社会满意度水平分别是3.8421和3.8295，匹配后使用网络媒介的农村老人主观幸福感水平比不使用网络媒介的乡村老人高1.26%（改变33%），并在10%的显著性水平下显著。这说明从总体平均水平上看，使用网络媒介能显著改善乡村老年人的社会满意度水平,即那些经常接触乡村自媒体的乡村老人比不上网的乡村老人平均社会满意度要高。局部线性匹配的结果与核匹配法趋于一致,甚至在使用网络媒介对乡村老人社会满意度提高的程度上表现得更高。

表4-8　　　　　　　　　　总体回归检验结果

变量	样本	最小邻域匹配	核匹配	局部线性回归匹配
社会满意度	实验组	3.8214	3.8421	3.8421
	控制组	3.9169	3.8295	3.8040
	ATT	-0.0955 (0.1403)	0.0126* (0.1401)	0.0381* (0.1453)
	改变(%)	-2.44	0.33	1.00

注:表中"*"分别表示在10%水平下显著,括号内为标准误。

2. 中介效应结果分析

如前所述,在进行中介效应回归检验之前先进行中介变量有效性检验。表4-9各变量相关性检验结果显示,因变量"社会满意度"与中介变量"社会信任""家庭关系"均有显著相关性,且各中介变量"家庭关系"与自变量也显著相关。满足中介效应模型的先决条件。从相关性检验结果看,家庭关系和社会信任均与社会满意度正相关;网络媒介使用与家庭关系正相关,但与社会信任负相关。说明对乡村老年人而言,其对当地政府的认同度越高,与子女的关系越融洽,则社会满意度或主观幸福感越高。另一方面,与上文分析的一致,随着网络媒介的使用,乡村老人与子女间的家庭关系越来越融洽,其对社会的认同程度并没有提高。

表4-9　　　　　　　　　　各变量相关性检验结果

变量	是否使用网络媒介	社会满意度	家庭关系	社会信任
是否使用网络媒介	1			
社会满意度	-0.0001	1		
家庭关系	0.0295*	0.1490***	1	
社会信任	-0.0025	0.1994***	0.1004***	1

注:表中"*、***"分别表示在10%、1%水平下显著。

第四章 乡村自媒体与留守儿童和老人社会化

表4-10显示的是中介效应模型的回归结果。与相关性分析一致，社会认同对乡村老人主观幸福感有负向影响，但不显著；家庭关系对老年人主观幸福感有显著正向影响，在中介变量的共同作用下，是否使用网络媒介对乡村老人主观幸福感的影响变得不显著。说明在网络媒介对乡村老人主观幸福感影响的中介模型中存在遮掩效应。即网络上一些虚假、三俗等内容可能影响乡村老人对社会，尤其是对政府部门的评价，遮掩了网络本来给乡村老人幸福感所带来的提升作用。

表4-10　　　　　　　　　中介效应回归结果

变量	主观幸福感	社会认同	家庭关系	主观幸福感
网络媒介使用	0.013	-0.0286	0.2168*	-0.0099
	(0.1232)	(0.1198)	(0.1108)	(0.1207)
社会认同				0.2004***
				(0.0198)
家庭关系				0.1319***
				(0.0217)
性别	-0.1251***	0.021	-0.0638**	-0.1209***
	(0.0344)	(0.0294)	(0.0309)	(0.0336)
健康	0.1767***	0.0791***	0.0649***	0.1523***
	(0.0134)	(0.0123)	(0.0120)	(0.0133)
年龄	0.0137***	0.0062***	-0.0012	0.0126***
	(0.0028)	(0.0023)	(0.0026)	(0.0027)
信仰	-0.1279**	0.0211	-0.0806*	-0.1215**
	(0.0498)	(0.0389)	(0.0417)	(0.0486)
常数项	2.5746***	2.9544***	4.2279***	1.4252***
	(0.1948)	(0.1602)	(0.1769)	(0.2155)
样本数	3853	3853	3853	3853
R-squared	0.0482	0.0139	0.0094	0.0929
F值	40.54	10	7.777	53.1

注：表中"*、**、***"分别表示在10%、5%、1%水平下显著。

结合实际调查走访的情况看，乡村自媒体作为农村老人最常用的网络媒介，在影响老人幸福感和获得感方面作用明显。尽管如此，实证检验结果并没有显示出网络媒介在提高乡村老人主观幸福感方面的优势，尤其是没有显示出网络媒介对乡村老人社会认同的提升。一个重要的原因是，当前乡村自媒体中一些标题党、假新闻、弹窗广告等内容严重影响了乡村老人的消费体验，乡村老人往往缺乏辨别真伪的能力，容易上当受骗，且网络信息接触得多了，其社会期待也会相应增加。因此，从增加乡村老人主观幸福感的内部和外部因素看，优化媒介环境，尤其是提高乡村自媒体中媒介内容的意识形态引领和价值导向有助于提高受众的社会认同感，这对增加使用者的幸福感是有益的。

除此之外，网络媒介对乡村家庭关系的积极影响不容忽视。一方面，乡村自媒体既让老人拓展了新的兴趣点，拥有了打发闲暇时间的工具。另一方面，乡村自媒体既为老人提供了便捷信息渠道，接触社会上最新潮时尚的时事政治和奇闻逸事，减少其与子女之间的信息鸿沟；又为老人和子女的日常交流提供了新的途径，尤其是那些子女不常在身边的乡村老人也能够经常和子女取得联系，增进了双方的感情，减少了独守老人的孤独感，从而提高老人的主观幸福感。

第三节 网络媒介微观影响的拓展分析

一 回归的内生性问题讨论

上文研究网络媒介接触对"00 后"农村留守儿童社会化水平的影响，实证结果表明，网络媒介接触对留守儿童社会化的影响，关键在于弥补了农村留守儿童的家庭功能缺失和学校教育的不足。因此在做回归分析时，尽量加入了父母的监督、交流和教育支出等控制变量，以此避免因遗漏变量而产生的内生性问题。但基于微观个体的调查数据，可能会存在的变量内生性及其影响问题不容忽视。为进一步解决可能存在的其他内生性问题，本书借鉴张永丽和徐腊梅（2019）的做法，选择"互联网普及率"和"周末学习时间"变量作为农村留守儿童网络媒介接触的工具变量，构建工具变量模型进一步检验研究结果。数据分别来源于《第 39 次中国互联网络发展状况统计报告》和问卷。对工具变量的外生性和可能存在弱工具变量进行检验，结果表明工具变量有效，工具变量模型回归结果如表4-11所示。2SLS（Two Stage Least Square）估计结果与倾向得分匹配法估计结果一致，且均通过显著性检验。即在使用工具变量控制内生性的情况下，农村留守儿童的网络媒介接触能够显著提高其社会化水平。这一结果也可以作为留守儿童网络使用与社会化估计的稳健性检验。

表4-11　　　　　　　工具变量法估计结果（2SLS）

变量	社会化水平	理解能力	健康状况	生活自理能力	智力水平	待人接物水平	语言表达能力
网络媒介接触	2.1013**	1.9902**	2.2565**	2.6718***	2.1794**	1.7715**	1.7385**
	(0.8467)	(0.8610)	(0.9109)	(1.0252)	(0.8839)	(0.8195)	(0.8476)
控制变量	控制	控制	控制	控制	控制	控制	控制
常数项	5.0391***	4.7745***	5.1310***	5.0220***	5.0129***	5.2187***	5.0755***
	(0.3568)	(0.3737)	(0.3853)	(0.4208)	(0.3752)	(0.3520)	(0.3816)
观测值	671	671	671	671	671	671	671

注：表中"**、***"分别表示在5%、1%水平下显著，括号内为稳健标准误。

二　青少年网络媒介使用偏好拓展分析

顺延上述回归分析的思路，网络媒介对青少年心理健康的直接影响来自青少年网络媒介使用行为惯例。为了更直观地考察网络媒介影响青少年心理健康的路径，本书进一步探索网络媒介使用偏好对青少年身体健康的影响。网络媒介使用偏好是从调查问题"使用互联网学习的频率（次）""使用互联网社交的频率（次）""使用互联网娱乐的频率（次）"和"互联网商业活动的频率（次）"中衍生出来，分别表示网络媒介使用的学习、社交和娱乐的偏好。变量的数值由七级李克特量表决定，范围从"从不"到"几乎每天"，分别对应着数值1、2、3、4、5、6、7。回归结果见表4-12"模型（2）"。

网络媒介使用偏好影响青少年心理健康的回归结果显示，网络社交频次和网络购物频次对青少年心理健康具有显著正向影响，说明网络社交和购物具有缓解青少年心理压力的效果，验证了优化青少年人际网络环境是提升其心理健康水平的有效途径（姚远和张顺，2016）。这就说明一方面网络媒介提供了更便捷的社交途径，青少年群体已经习惯且倾向于线上交流，青少年通过使用网络媒介来与父母互动，增进了亲子关系，获得来自家庭的关心和温暖，对其心理健康产生积极影响；另一方面，网络媒介提供了良好的消费平台，青少年通过线上购物获得内心满足和精神愉悦，能够舒缓心理，并对其心理健康水平的提高产生积极作用。

表4-12　交互模型与媒介使用偏好对青少年心理健康影响的回归结果

变量	模型（1）心理健康	模型（2）心理健康
是否使用网络	13.3685（6.5943）**	
是否使用网络媒介×亲子关系	-37.3587（5.1407）***	
网络学习频次		-0.624（1.0967）
网络工作频次		-1.1082（1.0745）
网络社交频次		-2.8414（1.6544）*
网络娱乐频次		-0.2777（1.7067）
网络购物频次		-3.7118（1.2385）***
性别	3.1693（3.4063）	1.7088（4.0529）
是否吸烟	3.491（11.2967）	3.7055（11.1613）
是否喝酒	15.2875（11.352）	20.0438（12.8282）
Constant	10.3309（4.8225）**	27.7919（10.1763）***
Observations	525	424
R-squared	0.1435	0.0666

注：表中"*、**、***"分别表示在10%、5%、1%水平下显著；括号内为稳健标准误。

回归结果同时也反映了青少年使用网络媒介功能的单一性。网络媒介上大量的学习资源和娱乐功能并没有被青少年有效利用。从传播的功能看（施拉姆和波特，2010：32），青少年对网络媒介的使用体现了传播对个人的社会雷达和娱乐的社会功能，而传播对个人管理和传授的社会功能没能得到体现。无论是网络社交还是网络购物，都是通过网络媒介上的个人接触和消费享受来对青少年施加影响；而网络学习、工作为青少年提供了网上教育的机会，并产生个人影响，网络媒介想要借此实现的解释和学习的社会功能并没有得偿所愿。

三 乡村儿童和老人自媒体使用中困难与安全问题

如上所述,在城乡加速融合的过程中,许多乡村剩余劳动力选择进城务工,剩下"老弱病残"在乡村留守,以至于主要的乡村自媒体用户都是留守儿童和乡村老人。他们的媒介素养普遍较低,缺乏专门的辅导和监督,在其接触和使用网络的过程中容易出现网络成瘾,出现上当受骗的现象。结合上文的乡村自媒体传播生态特征,可以发现乡村居民的网络使用主要至少存在缺乏健康有序的网络使用习惯和媒介素养低这两个有待解决的问题,对其财产安全乃至乡村自媒体传播生态产生了危害。

一是缺乏健康有序的网络使用习惯。无论是使用时间、使用偏好,还是网络消费均没有充分发挥网络媒介应有的溢出效应,村民的网络使用惯例没有形成良性循环。村民在网络使用过程中经常会出现乱点、误点的操作,一不小心就上当受骗。以北京 JG(金沟)村为例。JG 村村域 330 亩,共有村民 568 户,1132 口人,主导产业是种植业,村里常住人口中大多数都是老人和小孩。由于地处北京市密云区城郊,村里主要以草莓种植为主,对劳动力要求不高,通常一个劳动力可以管两个草莓大棚,也不需要年轻劳动力,年轻人大多数都搬到城里了。再就是地处北京郊区,公共服务和政策红利相对好些,村里家家户户都通了网络,基本上做到 Wi-Fi 全覆盖。

在 JG 村的调研中,一位正在地里干活的大姐向笔者介绍,"抖音也会玩,但玩得不好,没有你们玩得好,你们有文化,比我们玩得好。我偶尔会在那上面买东西,但质量也不好,不过都是些生活日用品,也不贵"。说自媒体上买的东西质量不好,觉得上当受骗的村民不在少数,当被问及质量不好为什么还买,买了会不会退货等问题时,他们表示都是些便宜的小东西,谈不上上当不上当,不退货是因为很多人不会退货,还有人表示没时间琢磨这些事,他们有的要干农活,有的要看孩子,玩手机也不过是闲时随意地看一看。可见村民们的网络维权意识和能力均有待提高。另外,村民中乱点、误点链接的情况就更加普遍了。一些村民或是眼神不好,或是手机或网络不好,在使用触屏时会用力且连续地点击,经常没等网络反应过来就打开了好几个链接,村民的财产安全受到威胁。也正因此,网络诈骗开始将注意力聚焦到农村用户,他们就是看准农村老年网民上网过程中反诈骗意识和能力弱。JG 就有一户村民曾在网上给小孩买奶粉，付款之后被卖家告知价格有误，告知其可以享受更大的优惠，只需要点击卖家重发的网址链接申请退款重买，结果被骗了 1000 多块钱。村里后来给村里的老人手机里都装了反诈骗应用，还得一个个手把手地教他们使用这个软件。据介绍，这些村民都是因为听说了村里有人上当的事，才会积极配合村里这项工作。可见，对于乡村受众而言，形形色色的网络诈骗手段让他们应接不暇，打破了传统熟人社会里积累的信任机制，进而带来的是网络空间的信任危机。

二是网络接入环境有待改善。如前文所述，虽然 JG 全村都实现 Wi-Fi 全覆盖，但从网络接入设备看，尽管乡村居民上网的方式和设备具有多样性，大多数时候村民上网途径仍比较单一。其中还有不少村民所使用的智能手机是子女淘汰下来的手机，平时接打电话还算凑合，用来上网则非常卡顿。对于留守儿童的网络使用而言，大多数儿童没有属于自己的上网工具，都是在业余时间使用监护人，通常是爷爷奶奶的手机。孩子对于网络的使用习惯也是在自我摸索或同伴影响的作用下形成，缺乏正确的指导。许多老人的媒介素养还不如孩子，使用网络时常常需要孩子帮忙，他们对孩子的监护只有简单粗放的"禁止式""一刀切"监督或管理。正如调研中一位村民介绍的，"他妈妈离开家前交代了，写完作业才能玩手机，一天只让玩 15 分钟，有时候我们忙忘了，他就会多玩一会儿，每次没收手机就像打架一样，很不情愿"。这样不管孩子上网做什么，只是控制孩子的上网时长，其实是缺乏教育和陪伴的反映，反而会让孩子更加迷恋网络。目前各大自媒体平台在青少年网络治理方面所推出的"青少年模式"或"未成年人模式"就是在这样一种简单逻辑下产生的。究其原因，主要是家长没有时间和精力陪伴和指导孩子如何正确使用网络，自媒体在乡村的推广仍然是资本驱动，缺乏文化和意识形态、价值观等方面的人文关怀。

三是缺乏媒介教育，村民媒介素养较低。村民们普遍媒介素养低，对各类网络信息难辨真假。因而村民们消极消费多于积极消费，消费过程中的信息茧房效应更加明显，容易上当受骗。比如他们很少主动搜索信息，对于平台推送的信息被动接收，对于手机等网络工具拿来即用，有时还会随意点击弹窗链接等。移动网络虽然已经覆盖到大多数乡村地区，但仍然有一些家庭并没有开通网络账户，一是怕孩子沉迷网络，二是怕老人上当受骗。甚至有的家庭青壮年外出打工,"老弱病残"留守村庄,他们媒介素养较低,觉得没有必要为他们开通网络,不愿额外花费用于网费的开支。如在北京调研的时候,对于网络相关培训服务的需求表现出两种类型。一种是开放型,且迫切需要网络使用相关方面的指导。如 JG 村的 WSX 是村里有名的种植"能人",快 60 岁了,两个孩子一个在城里工作,一个在上大学,一个人经营着三个草莓大棚。在和我们交谈时迫切地希望我们帮她多建几个微信群或是线上统一销售的平台。她表示自己对互联网很不熟悉,很羡慕村里网红"草莓姐"(31 岁返乡创业的年轻人),能够在自媒体平台上出售自家种植的草莓,她也希望政府能够多帮帮他们,哪怕是给他们提供一些网络培训服务等。另一种是保守型,即不愿主动参与网络使用相关的培训。如另一个以设施农业为代表的 TL(套里)村,全村 200 多户村民,有 75 户农民加入合作社,种植大棚蔬菜。但村支书兼合作社社长 HXL 介绍,社里虽然组建了微信群,但通知社员集体学习、培训、产收等活动还得靠广播。主要是因为村里种地的村民全都是五六十岁的中老年人,智能手机用不习惯,广播通知更方便。在其设施农业建设中,尽管偶尔会有电商等信息化服务培训,村民们却并不积极参加,而针对如何使用智能手机等培训服务几乎没有。

前一种类型为开放派,有的是出于娱乐,有的是出于农业生产销售等目的,这类村民的网络接受度和认可度较高,日常生活中网络使用率也较高,对新兴网络使用培训服务的需求大;而后一种类型属于保守派,有的是年纪过大,有的是思想传统保守等,这类村民网络接受度和认可度较低,日常生活中的网络使用率较低。但无论是哪一种类型,所反映的问题是乡村网民的平均媒介素养较低,基础网络公共服务要么不足,要么不当。既存在针对提高低龄留守儿童和高龄乡村老人网络媒介素养教育培训等服务的缺位,又存在便于接近和操作的网络平台功能和技术设计方面人文主义的缺位。

第五章 自媒体传播与乡村社会发展

文化是将生产领域（经济）和社会关系领域（政治）联系起来的意义领域（费斯克，2003：62）。文化除了被社会结构塑造以外，也能够塑造社会结构（鲍尔德温等，2004：29）。如托克维尔断定美国政治制度之所以行得通，是因为文化适宜于民主；韦伯认为，资本主义的兴起是一种植根于宗教信仰的文化现象；班菲尔德说明了意大利南部贫穷和专制的文化根源（亨廷顿和哈里森，2010：29）。网络文化是一个极度复杂，而又发展迅速的社会现象，网络空间已经成为受众聚集、讨论、工作、休闲、生活的重要"场域"，网络文化安全更是关乎社会进步、社会安全。因此，网络文化安全必然影响社会发展、经济增长、政治安全和意识形态安全，这也是乡村自媒体宏观媒介效果发生的根本机制。从网络文化安全视角探索乡村自媒体宏观媒介效果，就是以乡村自媒体所建构的网络文化空间为突破口，分析乡村自媒体对社会生活、经济增长、政治安全、意识形态安全和环境保护问题，进而探讨乡村自媒体在乡村振兴，尤其是在中国特色社会主义现代化新征程和新城镇建设中的宏观作用。"'直播+'成为融入社会经济、文化，甚至政治领域的重要结构性力量。这一极具包容性与驱动力的新型媒介形态正在逐渐演化成一种结构性力量解构与重构着社会生活的方方面面。"[①] 与此同时，乡村自媒体的野蛮生长，也使得个人主义、消费主义和娱乐主义在乡村迅速蔓延。

---

① 资料来源于2020年8月人民网舆情数字中心发布的《互联网平台直播+赋能研究报告》。

第一节 自媒体对乡村经济社会发展的宏观影响

一 自媒体与乡村社会生活

首先，乡村自媒体改变了村民交往惯习和人际关系。网络文化与现实社会文化相互交织，对社会发展具有指涉和修正的作用。在自媒体所塑造的网络公共空间中，有关线下事件的直播内容往往会共同创造出一种新的媒介事件：公众围观和分散性反馈成为重要特征，改变了"公共事件"在网络化公共空间条件下的生产方式。与传统媒介不同的是，网络媒介事件的生产和发布克服了可获得性和可见性方面的局限。互联网主导的媒介事件具有以下明显特征：第一，集体行动的逻辑已渗透到各种规模的公共事件中；第二，快速反应传播已经逐渐被整合到个人生活领域；第三，网络将身处家庭环境的受众与外在世界的事件勾连起来的中介化过程中，兼具"真实"和"再现"两个特征。网络媒介使线下事件迅速成为受众可以跨时空接触的媒介事件，这种跨时空在场所具有的可见性为受众带来了强烈的情感冲击，在共情共振的作用下，很容易产生共意性行动。这就鼓励受众积极地参与到媒介实践中，通过多样、强烈且反复的交互和反馈，能够在事件发生的同时影响事件的实时动态。从文化安全的意义上看，网络文化安全直接影响到整个社会的安全有序发展。正如受访者 ZL（23 岁，参加工作不久的社区工作人员）所说："我在社区负责宣传工作，主要工作是经营社区和党支部的公号（注：微信公众号）。虽然每天更新内容，但关注的村民少，而我自己的抖音账号中有许多村民关注，有时候我也通过抖音发一些和村民有关的政策内容……我来村里时间不长，但抖音拉近了我和村里大爷大妈之间的距离，使我平时跟他们打交道也方便了起来。"

在安徽调研时有一个 L 村，该村人口规模较小，22 户人家已经全部拆迁，散落在周边各个地方，有的人家举家搬到了镇上，住进了邻村集体建造的小区，传统的乡村地理格局被打乱，但村一级的政府组织还保留着。原来的住房被拆了，但耕地还在，村民们之间的集体活动，如哪家发生了红白喜事或农地发生集体灌溉等需要相互联系的时候，都是在网上解决，村民之间一个微信就互通有无了。L村有位L姓村民LS，原来在村里是个大姓，但拆迁之后搬到了离镇较远的地方。有一天，LS在水滴筹上发起一项筹款并在自己微信朋友圈发布，为他的岳父筹钱住院看病，L村原来的村民见到了纷纷捐款，很多人帮忙转发微信朋友圈，最终20万元的筹款获得了许多陌生人的帮助。"这20万是救命钱，换作是以前，恐怕很难借到这么多钱"，LS说。

乡村自媒体不仅拉近了陌生人之间的距离，也弥补了家庭成员之间亲情的缺失。随着乡村的变迁，一部分农村劳动力走出了农村，进入了城市，他们中的大多数人都是只有逢年过节才能回到老家和亲人团聚，有的因为工作甚至一年也回不去一次。乡村自媒体为外出工作的农村家庭的亲情维系提供了巨大的方便，提供了新的相聚场域。诸如"云过年""云过节"之类亲朋好友具身不在场的网络相聚，逐渐发展成新环境下的社会交往模式，也让乡村社会的人情味得以继续维系下去。

其次，乡村自媒体改变了传统家庭关系和乡村生活风俗。家庭是传统乡村最核心的组织，家庭成员之间的关系和互动是形成乡村文化的最小单元。网络的出现，尤其是乡村自媒体的出现改变了传统家庭的集体娱乐形式，电视成了可有可无的东西。一家人作为一个观看群体，围在一起观看电视的情景不见了，现在是拿着各自的手机，各自娱乐、各自生活的情景。可以发现，在南方很多农村，个人网络技术的普及与村庄拆迁搬迁、村民离地上楼几乎是同时进行的。就像徐前进（2021：129）所描述的，"它以娱乐性的方式将人推向了一个印刷文化时代或电视时代的人难以理解的个体存在状态"。这又在很大程度上消解乡村居民作为一个整体的社会认同。

乡村生活方面，乡村自媒体提供的网络消费主义也开始在乡村流行，成为新的时尚。网上购物、外卖订餐等已不是什么新鲜事，有的地方甚至还出现了共享单车、村口咖啡。在笔者田野调查的S社区，许多村民表示淘宝和拼多多上买东西便宜又方便。村民还会早早地吃完晚饭后在自家院子里，或聚在村里较宽敞的空地上，支起手机，跟着手机上的直播跳起广场舞。此外，从问卷调查的结果看，接近67%的村民选择晚上睡前观看抖音、快手等短视频，且接近一半的人使用时间超过两小时，可见乡村自媒体已经开始将大多数农村居民的睡眠时间向后延迟两小时。此外，无论是发送文字还是语音，线上交流为人们提供了思考的时间，即人们为了避免出错，习惯思考后再将自己的表达发送出去，乡村自媒体将以往村民大量的面对面交流场景转移到线上，避免了交流中的许多矛盾摩擦。

乡村风俗方面，网络传播让全国各地风俗习惯趋同，并滋生出新的内容。婚礼喜事的操办是一个极具代表性的案例。乡村社会历来重视传统节庆和婚丧嫁娶，尤其是后者，在农村总是要大摆筵席，热闹操办的。在具体规模和风俗上南北方有差异，有的地方会邀请本家亲戚和邻里朋友；有的地方邀请全村老小；有的村里准备酒席招待三顿；有的村里摆上流水席，一家人几天都不用做饭……但近年来，婚礼摄影摄像成了新风俗，各地乡村都会邀请安排专业摄像人员记录这一值得纪念的时刻，或是收藏，或是发朋友圈，甚至越来越多的地方开始兴起制作电子请帖，网上通知邀请亲朋好友，微信朋友圈、乡村自媒体成了新场地。

最后，乡村自媒体改变了传统乡土文化中的权力关系。在 S 社区的调研中有一点体会非常深。一是民主化和村民选举制度的实施。传统乡村社会是个典型的熟人社会，也是家长社会，村干部都是村里威望较高者担任，在大家的印象里村干部也都是吃力不讨好的活计，没人愿意出这个风头。从 S 村的情况看，即便后来实施了选举制，仍有村民要么是不关心，要么是没时间，很多投票不是找人代投，就是弃权了。随着农村土地制度改革和自媒体的普及，村民闲暇的时间多了，维权意识也增强了，在公共事务中更具话语权。"现在只要涉及选举，比如是村里要推荐个人物或事迹，村民们纷纷参加。我们还必须通知到位，现在都有手机、微信，什么也瞒不住，你要是不通知到他，准会来我们这闹"，ZY 说，"村里五好家庭、抗疫先进人物等网络评选活动也是得到大家的踊跃支持"。二是教会权力关系的改变。传统的乡村信息闭塞，村民的文化素养较低，宗教在乡村的影响非常大。村民们谁家发生了点意外，或是生了场大病，往往首先不是去找医生而是去宗教场所祈福。S 村有一个基督教会，新中国成立之前就存在了，上了年纪的村民几乎都是信徒。WLM 在教会工作了 40 多年，是村民口中的"传道的"（领读《圣经》的人，类似于牧师），他一个人负责教会的日常工作，主要就是每周日村民做礼拜时的讲道工作，也就是讲解《圣经》的内容，早些年在村里较有威信。近些年随着信众的年龄的增长，青年信众流失和自媒体的普及，教会权力被分解，村民不再迷信讲道人的权威。就像 WLM 自己说的那样，"现在村民越来越理性了，《圣经》里面的有些内容他们会自己上网查,这给我们讲道带来难处,不像以往那样轻松了。大家在网上看到别的教会还会有比较,我们现在还特地买了钢琴,礼拜时要有伴奏。平时的活动也更丰富了,都是大家从网上学的"。可见,自媒体改变了乡村信众宗教活动方式,也改变了传统教会的权力关系。

二 乡村自媒体与经济增长

文化和文化变革是现代经济发展特别是经济现代化的一个重要而深刻的决定性因素(金碚,2021)。经济史学家莫基尔也在他著作《增长的文化:现代经济起源》中将文化视为决定经济增长的关键。他写道:

> 文化可以通过制度影响技术创造力……工业革命就是一个关于突然加速的文化变革对经济造成深刻影响的很好的例子……工业启蒙是工业革命的基础。(莫基尔,2020:16,26,132)

网络文化对现代经济增长的影响也可以从新一轮的科技革命得到验证。网络空间的包容开放,为技术和经济创新提供了思想解放的契机,网络文化空间是全球范围的文化空间,网络媒介更是在全球范围内连接着最大范围的经济体,对全球经济贸易均有影响。

具体来看,乡村自媒体所构建的网络文化对经济部门的影响主要表现在两个方面。

第一,自媒体是新媒介创新经济模式。自媒体的出现,改变了传统的社会结构,对人们之间的交互关系和经济关系产生了较大的影响。尤其是乡村自媒体不仅改变了城乡关系,而且改变了乡村农业部门和城市工业服务业部门之间的交易方式。通过自媒体,乡村经济产品和社会文化能够很快进入城市,相应地,城市新的生活方式和经济产品也能很快流入乡村。在网络技术的帮助下,催生出了电子商务、社交电商、跨境电商、直播带货等新兴数字经济商业模式,以及众筹、众包等新兴生产和服务模式,促进了经济增长。2020年3月快手举办的"百城县长 直播助力"活动中,11位县长、县领导连同11位快手达人在6天时间里直播近30场,吸引了超过2100万人观看，累计销售额突破2000多万元。①

第二，乡村自媒体网络文化为经济增长提供新经济生产要素。正如经济学域观范式和内生增长理论所描述的那样，乡村自媒体将乡村文化暴露于自由市场上，在市场经济的需求与供给作用机制下参与经济生产，乡村文化变成了一种可供生产的初级生产要素或中间商品，如红遍海外的乡村自媒体代表李子柒。国外网民在消费李子柒的短视频时，本质上是消费视频内容背后的中国乡村文化。也就是说，真正能够产生价值的，吸引消费者青睐的是自媒体内容中的文化产品，自媒体使得乡村文化的经济价值得以实现。总之，乡村自媒体加速城乡部门之间的对话，加快信息在农业部门和工业服务业部门的流动，引入更多的新经济业态进入乡村。除上文提到的乡村文化旅游以外，还有乡村民宿、观光农业等文化创意产业，促进了乡村的现代化进程。

三 乡村自媒体与政治动员

乡村自媒体提升了乡村治理效能，有助于线下的社会动员。乡村自媒体的政治动员作用不容忽视。互联网的发展及其在政治领域的应用，必然对政治和政治安全产生重要影响（刘普，2012：37）。实际上，人类历史上任何一种新传播媒介的出现，都成为政治、经济权力的争夺中心（张雷和刘曙光，2008）。如文字的出现打破了氏族贵族对法律的垄断；印刷媒介的出现很大程度上加速了权贵对社会控制的衰落和平民地位的上升；广播电视等大众传媒的出现极大激发了民众政治参与的热情。网络媒体的政治功能主要体现在政治赋权、政治动员、政治参与、政治监督和政治斗争五个方面（刘普，2012：41—46）。

政治网络化本就是构成网络文化的一部分。相关政治机构或个人也十分重视政治人物的网络形象，网络空间也出现越来越多符合大众审美偏好的政治符号，政治越来越网络化。且网络自媒体的发展方便了普通民众的政治参与和政治表达。如在崔贺轩和张宁收集的微博、微信、哔哩哔哩和抖音等平台上青年网民发布的对领导人、警察和国家等政治符号进行萌化或与萌元素结合的政治萌化作品中，涉及政治符号的政治萌化内容多达

---

① 资料来源于2020年8月人民网舆情数字中心发布的《互联网平台直播+赋能研究报告》。

495条，涉及政治历史的政治萌化内容有244条，涉及政治评价的政治萌化内容有147条，涉及公务工作的政治萌化内容有133条，涉及政治人物的日常生活的政治萌化内容有51条，涉及时事政治的政治萌化内容有41条（崔和轩和张宁，2021）。网络自媒体的发展打破了传统传播方式下大众沉默的螺旋，让每一个普通受众都具有了一定的话语权，在面临政治事件时都有着发声的途径。另外，政治人物和政治表达也逐渐网络化。如美国前总统特朗普，就非常热衷于经营自己的社交媒体账号，利用网络媒体为自己的政治形象和政治理念服务。这恰恰表明，网络自媒体延续着传统媒体信息传播和社会监测的媒介功能，具有社会监督的作用。政治事件常常会通过网络自媒体传播，在网络空间扩散，经过网民广泛讨论后而形成网络舆情。正如受访者ZY（37岁，社区书记）在受访中谈到的：

  可以明显感觉到，近几年老百姓对智能手机的使用越来越多了。村里有几个退休干部和"进步人士"喜欢玩抖音，他们是远近闻名的网红，我们开始注意到他们在传达上面的一些政策文件时的桥梁作用。比如在疫情防控期间，村里的一项重点工作就是组织人员做村民防疫动员，这项工作光靠我们村干部是不行的，我们就想到招募这些平日里消息灵通人士一起，事实证明效果还是不错的。

四 乡村自媒体与乡村环境保护

  乡村自媒体对乡村环境的影响有其微观基础。在上文提到的乡村自媒体微观消费问卷中，很多受访者表示在消费乡村自媒体时选择观看展示乡村风景（54.11%）和非遗创作（44.63%）的内容，这就无形中增强了村民环境保护的意识。通过乡村自媒体，村民们开始体会到绿水青山就是金山银山的真谛。此外，美好的乡村环境不仅能够增加村民的幸福感，还可以为乡村发展带来机遇。在乡村自媒体的快速传播下，美丽的乡村风光很快被网民发现，会吸引大批的游客和资本的到来，这些经济溢出恰恰增加了乡村环境保护的动力。

  比如在江苏省S村的调研中，就能明显地感受到乡村自媒体发展对该村自然环境的有利影响。一是公共绿化和公共交通等公共基础服务设施方面。既伴随着美丽乡村项目的建设，又伴随着乡村自媒体的发展，社区政府不仅开始意识到改善村容村貌对村民生活质量的提升作用，更是意识到乡村自媒体对乡村形象的宣传作用。正如他们村书记ZY所说的，"现在这么多村民玩抖音，我们不把村容村貌搞得好看些，这样被拍出去大家都没面子。你看我们办事处旁边新打造的向日葵广场，花开的时候每天都有很多村民在那拍照，上传到网上"。二是自然景观和历史遗存的保护开发方面。村西面有一片茶山，村民们称作赭洛山，山顶上有一座抗日战争时期的碉堡，相传是新四军在这一带活动的根据地。社区政府顺应自媒体的发展，重新规划修建了栈道、炮台、休闲步道等观光设施，对山上的植被进行了恢复，并挖掘当地新四军抗日人物和故事，打造红色教育基地，开展红色文化旅游。现如今赭洛山已经成为远近闻名的网红打卡地，经常有城里的网红来做直播，展示山光树影和村民在茶树地里劳作的身影。

第二节　自媒体网络文化安全与乡村社会安全问题

一　总体国家安全观视域

总体国家安全观是习近平总书记在中央国家安全委员会第一次会议上首次正式提出，是一种立足当下、展望未来的系统性国家安全观。

第一，总体国家安全观是中国传统国家安全观的传承和发展。国家安全观是在不断地与他国交往过程中逐渐衍生出来的概念，旨在强调作为一个独立整体的安全性。中国历史上经历过数次朝代的更替和国土的变更，国家安全已经成为超越个体意识的客观存在。其间，出现过许多保卫国土而抵御外族入侵的民族英雄、著名战役，更是有许多人为保障国家安全不惜付出自己的生命。中国人民经过长时间的奋斗实践，不断丰富着总体国家安全观的内涵，具体包括政治、国土、军事、经济、文化、社会、科技、网络、生态资源、核及海外利益等多个领域。[①]

[①] 《总体国家安全观干部读本》编委会：《总体国家安全观干部读本》，人民出版社2016年版，第2页。

第二，和平共处、文明互鉴是长期历史经验中总结出的国家安全基本规律。自古以来，中国在与他国交往中都强调和平共处、文明互鉴，这是深深刻印在中华文化基因中的不变传统。从汉代的张骞出使西域到唐朝的鉴真东渡、玄奘西行，再到明朝的郑和下西洋等，每当中华民族处于文明兴盛时，都不忘与世界人民加强来往，共享人类文明之成果。古老的中华民族追求周边和睦，强调和谐共存，在"内圣外王"的儒家思想影响下开创了以"礼"为纽带的朝贡体系，在处理国家间关系时，基本保持不参与他国内政，不强占他国土地，不"厚往薄来"的贸易关系。

第三，不确定的世界形势下国家安全形势出现新变化。2020年伊始，新冠疫情在全球政治、经济、社会领域引发一连串的连锁反应，带来百年未有之大变局。主要表现在两个方面：国内疫情得到有效控制，经济生产全面复苏，扶贫进入决胜阶段，5G技术引领下的科技创新、产业转型、制度变革不断发展；多边主义受到挑战，国际体系正处于加速演变和深刻调整的关键时期。在此环境下，国家安全形势面临前所未有的挑战：推动构建人类命运共同体的美好愿景遭到某些国家误读或者曲解；核污染、金融危机、网络安全、自然环境、重大传染性疾病等非传统安全威胁带来的压力日益上升……

网络文化安全既具有传统文化安全的诸多特征，又因为其特殊的传播环境、传播能力、传播生态、传播受众，呈现出鲜明的特点。网络文化安全问题不仅附着在网络文化本身，影响网络文化自身的健康发展；当处理不当时，它还极易产生感染效应，引发传统文化安全问题（廖祥忠，2021）。总体国家安全观中提出的"以人民安全为宗旨，以政治安全为根本""以军事、文化、社会安全为保障"[①]，不仅清晰地界定了文化安全与人民安全和政治安全的关系，也明确了文化安全的性质和责任（胡惠林和胡霁荣，2019：131）。文化安全是组成总体国家安全的重要方面，网络文化安全又是文化安全的重要组成部分。依此逻辑类推，乡村自媒体网络文化又是构成网络文化的重要内容，乡村自媒体网络空间的网络文化安全对总体国家安全影响也不容忽视。从总体国家安全观视域出发，乡村自媒体所构建的网络文化会对国家安全产生影响。

[①] 《总体国家安全观干部读本》编委会：《总体国家安全观干部读本》，人民出版社2016年版，第20页。

二 乡村自媒体网络文化安全

乡村自媒体所建构的网络文化安全属于总体国家安全观范畴，是非传统安全。网络和文化一起构成总体国家安全的重要组成部分，体现了国家安全视野在横向空间领域上的扩展。党的十八大以来，以习近平同志为核心的党中央不断推进文化强国、网络强国和新型大国关系，网络文化安全是构成总体国家安全的重要保障。网络文化安全既涉及网络安全，又涉及文化安全。前者是在网络信息技术不断发展下出现的安全问题；后者则是在强调文化自信、文化大发展、大繁荣时期出现的安全问题，两者均属于中国特色社会主义新时代下新的安全问题，具有显著的时代特征。此外，网络文化安全问题还具有范围广、传播快、难预测等特点，处理好网络文化安全这一非传统安全问题，是实现总体国家安全的必要条件和重要挑战。

网络文化安全包括政治安全、文化安全、价值观安全和网络空间主权安全，具有虚实相生的形态特征，显隐交织的演变特征和多元交叠的群体特征。捍卫网络文化安全，核心任务是明确互联网时代维护本国本民族文化主权的途径、筑牢互联网时代执政党意识形态的阵地、满足互联网时代人民群众健康精神文化生活的需要（廖祥忠，2021）。乡村自媒体网络文化安全既是网络虚拟空间的安全，又是整体社会安全，这也是乡村自媒体宏观媒介效果的作用基础。得益于移动互联技术的进步，网络媒介更是从线上延伸到线下，已经成为受众生产生活必不可少的工具。尤其是网络娱乐、远程办公、在线教育、网络购物、在线医疗、网络金融等互联网应用在保障民众生活无虞、疏解民生焦虑情绪、提供便利民生服务方面大有作为。如前所述，中国有10.79亿网民，互联网普及率达76.4%，网络文化安全关乎人民的安全和广大群众的切身利益。正如2014年2月27日，习近平总书记在中央网络安全和信息化领导小组第一次会议上所说，网络安全和信息化是事关国家安全和国家发展、事关广大人民群众工作生活的重大战略问题[①]。网络文化安全是建设网络强国的基本保障条件。

---

① 《总体国家安全观干部读本》编委会：《总体国家安全观干部读本》，人民出版社2016年版，第147—148页。

如前所述，乡村自媒体网络文化安全的核心是意识形态安全，网络安全问题符合总体国家安全的一般规律。乡村自媒体网络平台是载体，文化是核心，网络文化安全的关键是网络空间的意识形态安全。网络媒介技术带来新的文化生产传播方式，造就了新的文化业态和文化样式。网络文化具有多样化的亚文化特征，容易引发复杂多样的非系统性安全问题，为网络文化安全治理带来前所未有的麻烦，同时网络文化安全问题又具有传播快、消失也快的普遍特征。总体而言，当前乡村自媒体网络文化生态表现出群氓文化盛行、村民平均媒介素养较低、网络监管难的特点。但问题不是无源之水、无本之木，不同地域发展之间的差异和网络治理体系的不健全，是引起乡村网络文化安全问题的源头。网络文化安全问题的本质是他者文化的意识形态渗透，解决网络文化安全问题，最终是要宏观上坚持主流意识形态引领，建构认同，多元并存。

三 乡村自媒体与乡村社会安全问题

乡村自媒体所构建的网络空间具有乡村网络亚文化特征，网络文化的安全问题不容忽视，且常常会影响到乡村社会安全问题。社会安全问题包括意识形态安全、文化安全、政治安全、价值观安全、环境安全乃至总体国家安全。

首先，乡村自媒体会影响社会意识形态安全。知识建构是影响乡村居民意识形态的关键，传统的乡村社会是熟人社会，村民的知识获取来自日常生活的交往互动，他们在日常生活交往中获得流动的、非文本化的知识，即我们口中的常识。换言之，传统社会中，村民的知识建构大多处于文本之外，是非文本或非文档的形式。而乡村自媒体的出现，给村民带来了持续的、文本化的知识，问题的症结在于良莠不齐的网络内容影响乡村居民知识建构的路径，带来村民网络意识形态和价值观安全隐患。乡村自媒体作为一种新兴的网络传播形态，其媒介内容及其所构建的网络文化是网民共同塑造的，是网民集体意识形态的反映。网络文化对社会意识形态安全的影响通过网络意识形态来实现。与社会意识形态是社会客观存在的集体反映和认知类似，网络意识形态就是对网络空间的客观存在的集体反映和认知。但与传统社会民众意识形态不同的是，网络文化具有多样性，网络空间信息瞬息万变，思想相对开放，网民之间同伴效应明显，相互影响较大，网络意识形态的形成、发展到演化的过程和网络文化一样被大幅缩短，网民对网络客观存在的集体反映和认知稳定性弱。乡村自媒体所建构的网络文化具有自由开放，可接近性高的特征，为村民提供了前所未有的思想解放平台。乡村网民在自媒体空间与异时异地的网民一起自由交互，在不断地影响与被影响中逐渐潜入网络意识形态，转身回到线下，意识形态已然受到影响。

再加之网络媒介的可编辑特征决定了信息发送者在信息编码的过程中通过议程设置就可以引导受众的解码路径。资本驱动仍然是乡村自媒体网络内容生产的主要动力机制，一些平台或博主为了赚取流量而盲目跟风，有的甚至利用受众的猎奇心理，传播三俗内容。这些内容往往利用网络隐匿性和监管的滞后性，对受众网络意识形态安全带来威胁。此外，网络媒介的窄播化容易产生信息茧房效应。网络文化的生成与传播在和受众的交互涵化中，承认文化多元和受众个性的同时，又塑造了网络文化和受众个性。大数据和推荐算法使受众的视野受到技术限制，变得越来越窄，受众接受的网络内容和群体越来越同质化（常江和徐帅，2019）。网络空间的信息茧房既阻碍了受众接受多元网络信息的途径，又与网络文化的多元开放背道而驰，进一步加速了个人主义在乡村受众群体中的蔓延，不利于网络文化安全，对于此问题也应当予以足够重视。

其次，自媒体网络发展的本身也是社会发展的范畴，移动互联技术下的网络新媒体已经渗透人们日常生活的方方面面，现代社会已经是一个网络社会，网络将人们的生产生活联系在一起。如前所述，乡村自媒体为留守儿童社会化水平的提高提供了助力，影响着乡村老人的主观幸福感。换言之，乡村自媒体还有助于乡村社会进步，但这一切又取决于乡村自媒体所建构的网络文化生态对乡村村民的涵化作用。好的网络文化会涵养人心，使人积极向上，有利于社会发展，而不好的网络文化又容易产生负面的影响，使人堕落，不利于社会发展。网络社会与现实社会没有绝对的界限，二者彼此交融，相互影响。因此，乡村自媒体中的网络文化安全关乎社会安全，网络暴力事件也会延展到线下，影响社会和谐稳定。比如在笔者走访的其中一个样本村中，就听说一件因网络事件而引起的群众冲突事件。村中 ZF、ZQ 两户人家祖上是世交，平日里相见也是客客气气，没有什么矛盾。可是，因为村里农地征用，ZF 觉得 ZQ 家获得了更多的赔偿，心理不平衡，在自己的抖音账号上发视频，诽谤 ZQ 家人通过不当手段获得更多利益。这些视频很快被 ZQ 家里人看到，两家人因此大打出手。

此外，乡村自媒体还会扩大信息鸿沟，不利于信息弱势群体（如上文提到的没有接入网络的人）获取对等信息，使他们很难在同一个水平上和过去相识的人交谈，影响到价值观安全；随着网络娱乐主义和消费主义的盛行，乡村自媒体已经逐渐成为村民获取新闻信息和购买生活用品的新路径，平台上的信息千变万化，产品真假难辨，假冒伪劣产品和虚假内容的传播一样快速，稍不留意便会危及村民财产安全，严重者还易产生网络和社会舆情，影响到政治安全和社会稳定；自媒体吸引大量的游客来到乡村，对乡村自然环境的承载力也提出了新的挑战，又会影响到环境安全等。

第三节　乡村自媒体与城乡文化融合[①]

一　链接关系：乡村自媒体网络作为城乡文化交互融合空间

网络公共空间的非在地性是地理空间的良好补充。尤其是网络媒介的时空转向使信息传播跨越了地理条件的限制，受众许多原本地理空间上的活动和交互都可以置身于网络空间中来完成。空间原来赖以维系的聚合性力量，如共同的文化、语言或宗教等体验都逐渐模糊，取而代之的是个性化的网络亚文化。开放互联的网络空间也为城乡对话提供了更多机会。

实际上，城市和乡村的二元对立，是在长期经济社会发展演化中逐渐形成的，既是地域空间上的区隔，也是文化空间上的区隔。但从 1949 年以来的发展历史看，城市和乡村有着天然不可分割的联系。当代中国城市家庭在三代以前，大多数城市居民都来自乡村。20 世纪 50 年代至 70 年代后期的上山下乡历程，也让许多知识青年到农村定居并参加劳动。这部分人来到了农村，他们有的即便后来回到城市，也都带着难忘的乡村记忆。

[①] 本部分主要内容已发表于《思想战线》2021 年第 5 期和《云南民族大学学报》（哲学社会科学版）2023 年第 4 期。

同时知青上山下乡一定程度上也是消除城乡差别的一次尝试,是城市和农村之间的一次亲密对话。一代代人的心理、性情、习惯的积淀,必然会形成一种不由自主地支配整个乡村的惯势,也就是滕尼斯所说的乡村共同体的文化(谭华,2018:116)。只是在长期的城乡发展差异下,城市以工业为主,优先发展现代服务业;乡村以农业为主,积极发展手工业,城市文化逐渐与乡村文化脱钩,地理边界上的差异也逐渐出现。

在城乡二元对立的格局下,网络媒介除了提供城乡空间信息传播与互动的功能,还兼具重构文化空间,弥合城乡文化差异的作用。正如吴飞(2008:197—210)指出的,传播网络在乡村社区具有整合、解放、交换、认知和区隔的功能。这些结构性功能也为解释利用媒介破除城乡二元对立,建构城乡文化共同体提供理论依据。滕尼斯指出,一切有机生命之间都能结成共同体,人类的理性共同体就存在人们中间(滕尼斯,2019:105),而只有当任何现实的东西能被人想象成联系着整个现实,并且它的性质与运动被整个现实决定时,它才是有机的事物(滕尼斯,2019:71)。因此,滕尼斯的共同体主要是基于自然意志,例如情感、习惯、记忆、血缘、心灵等而形成的社会组织,是有相同价值取向、人口同质性较强的社会共同体,体现的是一种亲密无间、守望相助、服从权威且具有共同信仰和共同风俗习惯的人际关系(孔德斌和刘祖云,2013)。因此,人们通常用语言、习俗、信仰来描绘共同体,却用经商、旅行、科学来指涉社会。除此以外,共同体理论的发展中,逐渐强化了地理位置的属性。如王玉亮(2011:19)将居住在某一地方的人组成的社会关系和社会群体视为区域生活共同体;布洛赫(1997:189—190)综合了地理区位和社会关系,认为乡村共同体是许多在同一块土地上耕作、在同一个村庄生活,通过经济、感情的联系而形成的小社会。

与此不同的是,网络空间淡化了地理位置的属性,将城乡连接在同一个虚拟空间。网络媒介提供的在线联系是对现实社会关系的观照。类似于滕尼斯将共同体发展最初的那个中心称为首要中心,它在向外围扩散时会派生出次级中心,从属的中心理想地存在于它们源出的中心之内。网络受众因为某种天然的共同利益组成一个群体,以由点及面的扩散方式吸纳新的受众,最终扩散成具有某种共同精神的亚文化群体。与滕尼斯所谓的中心共同体不同的是,形成网络群体的首要中心并没有能够支配他者的力量与权威。连接性是网络文化共同体重要的特征。尽管信息扩散模型下的网络结构最终接近于幂律分布，群体内的受众会异化成长尾结构，但网络媒介至少为每一个受众提供了关系的可接近性，在此基础上文化交互与共享得以实现。

所以说，链接关系建构了网络空间城乡文化共同体式的有机体。社会建构论认为意义是在人们协作活动中被创造的，是跨共同体共享的（肯尼斯·洛根和玛丽·洛根，2019：2）。"我们是在相互交流的过程中构建了我们生活于其中的世界"（肯尼斯·洛根和玛丽·洛根，2019：12）。可见，社会关系对于文化建构而言至关重要。"对关系本身，因此也即结合而言，如果我们将它理解为真实的与有机的生命，那么它就是共同体的本质；如果我们将它理解为想象的与机械的构造，那么这就是社会的概念。"（滕尼斯，2019：68）无论是城市居民还是农村居民，接入网络空间之后，具有相似的受众特征，真实的社会经济身份被隐匿，网络空间里的人际关系首先表现出一种文化关系，彼此通过话语、文本或符号进行交互。正如建构论反对任何团体宣称自己的本土真理具有普适性，在强调本土真理的同时，还倡导人们对那些与自己不同的真和善进行探索，并通过全面的沟通找到协同创造的路径（肯尼斯·洛根和玛丽·洛根，2019：96—97）。可以说，网络媒介为城乡居民提供非在地性和谐共处的机会，为建构城乡文化共同体提供了基础条件。

二　突破在地性：网络媒介与城乡人口流动

人的创作与生产活动是文化共同体产生的基础，而从地理位置范畴上看，人口的空间集聚又是形成共同体的基础。网络媒介技术的使用与普及与城乡人口流动之间的关系包含两个方面的意涵：一是促进农村居民流向城市或城市居民流向农村，实现城乡区域间的人口转移；二是网络媒介促使城乡人口由传统的线下活动向新兴的互联网空间流动，实现在地性向非在地性的转移。

首先，农村人口的流动与媒介接触密切相关。文化差异是阻碍城乡人口流动的关键因素，网络媒介在促进城乡之间的信息流动，有效舒缓城乡之间信息不对称之后，便会促进乡村人口流动。所谓乡村人口流动，是指农村人口向城市流动。这种现象在新农村建设和城镇化进程中几乎是随处可见。实际上，从流动的条件和动机看，一是农村剩余劳动力的出现，二是比较收益理论,即移民的决定依赖于收入预期的展望以及在城市就业和生活的可能性(Rhoda,1983)。况且对农村人来说,城市的工作和生活条件是相对优越的。如张领在《流动的共同体:新生代农民工、村庄发展与变迁》中采访的一位农民刘某所描述的:

> 什么时候能像城里人住平房就好了,里面干干净净的,电灯很亮。上班时间短、工资还高。农村住的这个房子(木房),到处是灰,黑乎乎的。当农民,口朝黄土背朝天,日晒雨淋,到头来,粮食还不够吃。(张领,2016:85)

于是,有了其所描述的早期农民工(第一代)的出现。在其研究中,将熟人介绍进城务工的人口流动方式称为"共同体式流动"(张领,2016:103)。这种流动方式中,"熟人"是影响农民流动的重要媒介。因为在城市中,农民工无法通过其他途径来获取就业信息。新生代能够利用现代资讯工具,比如电脑、微信、微博等网络媒介。正如雷伊曼和塞米约诺夫(1995)在国际移民的研究中发现的,因为受限于劳动力市场的信息感知,不了解就业情况以及对当地语言的不熟悉等,移民们通常会经历找合适的、工资高的工作的困难。可见,对于农民移民者而言,信息和技术(劳动技能)一样重要,甚至比技术更重要。学习某项技术,首先要获取信息,要知道去哪学、跟谁学等。网络媒介恰恰消除了城乡之间的信息不对称,有助于弥合城乡文化差异,为农村居民进城提供了信息渠道。

其次,网络媒介同时也引致城市人口流动,即城市居民向农村流动。以往农村相对于城市是经济落后、生活艰辛的代名词,而往往容易被忽视的是,农村还是信息闭塞的代名词。这又是引致经济落后、生活艰辛的重要因素。然而,随着经济社会的发展,农村宁静和谐、绿色生态的生活环境经过网络媒介的影像再现,反倒成为久居樊笼的城市人向往的生活住所。城市人口向乡村流动,一部分是早期农村移民或具有乡村记忆的城市退休人口的回流,另一部分是城市人口到农村地区投资开发或旅游。

一方面,网络媒介为重返乡村生产生活提供了方便,尤其是网络游戏、网上购物、在线教育、在线办公等网络服务缩小了城乡公共基础设施和服务差距所带来的生活不便。另一方面,基于传播新体系和信息新技术的信息发展模式造成从空间地域到流动和渠道的转变,也就消除了地域对生产消费过程的影响（Castells，1983）。乡村自媒体中的网络影像再现正是利用网络视频技术广泛而快捷的传播效果，针对本土化和多元化，唤起文化认同，吸引城市资本和劳动力向乡村流动。影像生产的变动就是乡村文化形象和空间再造的过程，通过对乡村影像的审美反映，展现现代化乡村景观，让更多来自城市的网络"原住民"接触到乡村文化，并在媒介消费中产生认同。库尔德里（2016：96）所谓的"媒介朝觐"也就是通过乡村影像再现，建构乡村文化符号，再经历创新、认同和差异来吸引城市居民加入乡村文化旅游。

最后，网络媒介吸引人口向虚拟空间转移，形塑网络文化共同体。乡村传播网络主要强调网络的情境性和在地性（谭华，2018：112），而网络媒介以前，在地性是导致乡村文化和城市文化差异的重要因素。数字化网络媒介所建构的网络空间替代传统地缘关系，为村民提供了虚拟的公共空间，且网络媒介为村民所创造的网络公共空间是传统圈层式乡里空间在虚拟世界的映射。乡里空间是一个半熟人社会，它避免了熟人社会那种强共同体感所带来的褊狭，同时满足人民互相关切的要素（张领，2016：256）。乡村空间里，农民自身的无组织性要求有人代表他们表达利益诉求，如村中长老、宗主、乡贤等。到了网络空间中，农民被微信群、QQ群组织到一起，群主代替了长老、宗主和乡贤的作用，成为农民利益诉求的表达者，新的公共空间便形成了。在调研对象中，不少农民工表示在他们进城之后，很快就加入了老乡群，并时常组织聚餐。（这些通常是轮流请客，比如山西的Y某在北京收废品，2021年中秋节，他自己做了一桌菜，叫上老乡群里认识的五位老乡一起吃饭、喝酒）由于网络空间的虚拟特征，信息的交流和受众间的交往互动都不再依托于地缘和在场。因此，网络空间共同体也被称为"脱域的共同体"（张志旻等，2016：16），且这一共同体仍然包含共同目标、认同和归属感三个关键特征。再加上网络媒介的可供性，以及网络文化创造的便利化和低门槛化，网络空间成为城乡居民文化交互的重要场所。网络上的交流与共情促进了同情、信任与互助，有助于形塑城乡网络文化共同体。正如程思琪和喻国明（2020）提出的，共情的最大特征是双方的感同身受，即通过经历相同的情感体验形成共同体。

三 网络媒介与城乡文化再生产

网络媒介通过文化再生产弥合城乡文化鸿沟，建构城乡文化共同体。一是乡村文化和城市文化作为互联网米姆（meme）①，共同参与网络文化的建构；二是网络文化反过来重构乡村文化和城市文化。前者是乡村文化和城市文化在网络空间的对话、碰撞与融合，是网络文化的生产过程；后者是网络文化对城乡文化的正反馈，是城乡文化的重构过程。文化生产既具有生产的一般规律，又有着自身的特殊性。一般规律在于，文化生产力决定其生产关系，文化生产关系要适应文化生产力，会反作用于文化生产力。赫希指出，文化生产理论的假定是，文化产品是一系列相互关联的过程（包括创作、生产、销售和消费）的结果（Hirsch，1972）。网络媒介的文化再生产过程包括生产、传播、消费和反馈等环节，每一个环节都是城乡居民共同参与。

首先，网络媒介为城乡文化再生产提供空间，是城乡文化交互的缓冲带。一方面，对乡村而言，城市文化是自由的、超前的。比如1997年开始的文化下乡作为社会主义新农村建设的重要内容之一（王雪梅，2013），是城市文化对乡村文化的一次凝视（谭华，2018：203），乡村作为传播的对象，角色相对被动，因此出现王雪梅（2013）所谓的"文化冲突"。另一方面，乡村是落后生产力的代名词，乡村文化很难进入城市居民的视野，而网络媒介对乡村文化景观的呈现是可参观的。正如谭华（2018：127）分析的内容，即如何采取各种展示策略实现当代乡村"可参观性"的再生产。中国传统文化中素来有"十里不同音，百里不同语"，每一个村庄就自然区隔成一个关系空间，这个关系空间就是建构在不同语言技术支撑的语境下。不同关系空间中的群体依赖着独立的媒介技术，在不断地交互中，形成独立的交往惯例、内容偏好和叙事逻辑，建构出独立的社会和文化认同。因此，这样一个关系空间不仅是地理空间上的区隔，更是社会文化的区隔。而网络媒介在城乡文化之间建立起缓冲带，使群体中的每

---

① "米姆"（meme）又称作模因、弥因、谜米等，最早由英国生物学家理查德·道金斯（Richard Dawkins）在其1976年出版的《自私的基因》中提出，他指出"米姆"是"一个能传达'文化传播单位'的概念，或是能够描述'模仿'行为的一个单位"，这种文化单位包括图片、视频、服饰、观念、音乐旋律等。

一个个体都可以获得文化在场，城市和乡村之间的文化区隔便得以打破。

其次，网络传播媒介还为城乡跨文化传播建构了许多伪语境。伪语境的作用是为了让脱离生活、毫无关联的信息获得一种表面的用处，它不能提供行动或解决问题的办法。在这样的伪语境或场域中，受众接触到的信息不必来自信息源或受众接触信息的语境和信息生产的语境可以不一致。网络传播的伪语境还表现在网络媒介制造的区隔产生了多重语境，使得话语世界变得不具有连贯性。这点在电视媒介出现之后就已经存在，网络时代更普遍了。多重语境的概念也类似于科幻小说中的平行世界，网络媒介对时间维度和空间维度的技术突破，改变了信息传播的速度和广度，让处于不同时空维度的受众均能够接触到同一条信息，而语境不同导致不同维度的平行世界或多重语境对信息内容的阐释不同。因此，波兹曼曾指出，"公众已经适应了没有连贯性的世界"（波兹曼，2011：116）。到了网络传播时代，甚至有学者借助梅罗维茨的思想，将其命名为"语境坍塌"（Marwick，2011）。实际上，伪语境对城乡跨文化传播而言，有其积极的一面。表现在网络媒介提供的伪语境建构出多元化网络文化，消除了城乡文化之间的壁垒。城市居民可以自由生产和传播乡村文化，乡村居民也可以自由生产和传播城市文化，受众在城乡文化的生产和消费进程中获得彼此认同。

文化是一种由特定的社会群体创造的想象和意义的集合（刘易斯，2013：15），城市文化和乡村文化则分别是由城市居民和农村居民生产的。媒介生产力的进步，表现在越来越多媒介组织脱媒化和去中心化，导致媒介生产关系的用户分化。到了网络空间，城市居民和农村居民的地域特征或身份特征逐渐淡化，他们共同参与网络文化的生产。在网络媒介提供的生态空间中，文化生产是经过不断再生产之后的客观呈现。网络空间任一价值观、文化符号的提出，都会接受受众实践的检验，在受众的交互中进行再生产，在一系列对话中塑造城乡居民共同认同的文化价值和文化形象。

最后，网络媒介中的文化再生产加速了城乡文化融合，为建构城乡文化共同体提供机遇。一方面，城乡共同体的文化和社会变迁是在城乡互动中形成的动态过程。正如伍兹（1989：3）所指出的，内部发展的变迁通常是源自发现或发明，而外部发展或接触的变迁，一般源自借用或传播。城乡居民在网络空间的持续互动使得城市现代文化与传统乡土文化相互之间不断地接触和影响,逐渐引起文化的传递、交流和整合,即文化涵化。社会发展也是一样的。罗杰斯在《创新的扩散》中把社会变迁分为内生型和接触型两类,欠发达地区的发展多属于接触型的,其动力来自外界的新思想和信息的传播等外生变量的影响和冲击,致使该地区的社会结构发生变革(谭华,2018:74)。乡村社会结构的变化和发展很大一部分原因就在于城市的影响,进城务工的农民工和现代网络媒介将城市的新思想和信息源源不断地传播到乡村,包括新的流行文化、生活方式、生产工具甚至是穿着打扮、言语习惯等。谭华(2018)就把宏观层面的乡村文化转型与变迁通过个体层面的乡村传播网络中的社会互动来加以解释。孙卫华(2016)也指出,影像作品具有巨大的文化影响力,在很大程度上左右了社会对农村、农民的集体认识,文艺本身的审美属性也开始强化,包括人物形象、气质、语言,以及场景、音乐使用方面,都凸显出一种和谐的美感。

另一方面,乡村自媒体网络空间的乡村景观也对城市文化生态产生影响。雷霞(2017)的研究发现,通过媒介传播,乡村文化加速融入城市文化,融入"全球景观"体系,从而获取主体地位的权力手段。媒介空间论打破了环境与文化之间的固有界限,将文化融入空间景观中,并通过文字、视像、声音等手段来予以描绘,媒介影像信息的传达可以帮助人们构建其对无法切身触及的地域的认知(邵培仁等,2009:112)。城市影像生产的变动就是城市文化形象和空间再造的过程,通过对城市影像的审美反映,展现现代城市空间(刘娜和常宁,2018)。

综上所述,乡村自媒体促进新乡土文化和新型城镇化的发展,一是作为新的乡村生活方式和公共基础设施直接参与新型城镇化建设,二是发挥媒介作用,通过建构城乡网络文化共同体来实现。前者强调网络媒介技术的可供性,旨在构建城乡一体化的文化交互和信息传播通道;后者则强调网络媒介效果的延伸性,目的是利用网络媒介弥合城乡文化差异。乡村自媒体所建构的网络空间为城乡居民提供非在地性和谐共处的机会,为建构城乡文化共同体、城乡融合的新乡土文化提供了基础条件,为城乡文化价值互动和重构提供途径,表现为网络媒介促进城乡人口流动和推动了城乡文化再生产两个方面。

另外,新型城镇化是在全面建成小康社会决胜阶段提出的新的时代课题,是城乡经济社会不断发展的新任务。新型城镇化建设首先要解决的问题是城乡移民问题，即如何从根本利益上缩小乃至消除城乡居民身份差异；其次要思考城乡一体化发展的可持续问题，即如何从融合共生和内生动力上消除城乡区域文化差异。这两个问题分别构成新型城镇化建设的短期和长期问题。实施网络强国战略、发展网络媒介对这两方面都具有非凡的现实意义。

新乡土文化并不是文化的突变，而是指文化作用的对象范围、空间和效果的更新。传播技术和交通运输技术一道引起了信息流动和人口流动。肖珺（2016：4）指出，跨文化传播和虚拟共同体能够建立起一种共生关系。虚拟共同体是跨文化传播的主体，跨文化是虚拟共同体形成及显现的路径。如上文分析，媒介是跨文化传播的关键条件。因此，乡村自媒体是形成城乡文化共同体的重要纽带，是帮助城乡居民融入彼此的重要载体。在这种不断交互和融合的过程中，逐渐产生了多元开放、既传统又时尚、各美其美、美美与共的新乡土文化。然而，即便是在网络媒介领域，城乡居民的知识鸿沟仍然存在。由于社会经济地位高者通常能比社会经济地位低者更快更有效地获得和利用信息，大众传播媒介传送的信息越多，这两者之间的信息格差和知识格差也就越有扩大的趋势（Tichenor，1970）。有学者认为，网络传播时代，受众之间的信息格差和知识格差会越来越大，最后形成马太效应，导致信息鸿沟难以弥合，受众之间的社会经济地位差距也就随之越来越大。例如丁未和张学良（2001）指出，网络的使用者和非使用者之间的区隔已成为社会分层的新维度，网络传播的特性在很大程度上势必形成或加剧二者之间新的知识鸿沟现象。

城乡移民如果想要通过网络空间融入彼此，必然要跨越知沟引起的网络空间壁垒。一方面，继续扩大网络媒介在城乡一体化发展中新涌现的结构性潜能。中国互联网络信息中心（CNNIC）在京发布第47次《中国互联网络发展状况统计报告》显示，截至2020年12月，我国城镇地区互联网普及率为79.8%，农村地区互联网普及率为55.9%，城乡地区互联网普及率差异较3月缩小6.4%。可见，城乡网络媒介几乎是同步发展的。应当借助乡村自媒体，最大程度链接城乡社会资本。另一方面，扶贫扶智，加强城乡居民媒介素养教育，克服受众对信息选择性接触、接受、理解和记忆方面的差异。

四 网络媒介与城乡共同富裕

乡村自媒体的发展与优化是城乡文化融合和城乡一体化的催化剂。网络的普及加速城乡文化数字化,这是实现国家治理体系、治理能力现代化和社会主义现代化建设的政策使然。在谈到工业发展类型时,张培刚(2014:149)总结出革命型和演进型两种类型,前者是政府居于发动地位,后者是政府只略尽助力,个人居于发动地位。相较于城市部门,农村部门的现代化可以是革命性的,即由政府发动的快速现代化。乡村文化的数字化是网络服务均等化的必然结果。一方面,网络文化服务均等化是超越城乡经济发展阶段论,实现城乡共同富裕的基础条件。无论是作为信息传播的渠道,还是作为新兴生产要素的供给,网络基础设施和服务都是实现现代化的关键要素。另一方面,公共服务均等化包括网络服务均等化,而网络文化服务均等化又是网络服务均等化的重要组成部分。数字基础设施的发展会导致城乡收入差距不断缩小(祝志勇和刘畅畅,2022)。乡村文化数字化是数字下乡政策实施的必然结果,数字化赋能有助于解决中国经济发展中的不平衡不充分问题(王永贵和汪琳琳,2021),文化数字化下的网络文化为调节城乡区域一体化,乃至城乡共同富裕提供了新的路径。

实际上,文化数字化是文化与技术的深度融合,网络文化是文化数字化的产物。数字化是对现实存在或信息的模拟信号经由数字设备的转化,转变为数字信息技术能够存储、处理、表现、传播等加工的二进制代码过程(张铮,2021)。网络数字技术为传播的虚拟在场提供了方便,并通过传播作用于文化。在基于移动互联数字技术的交互活动中,网络系统内部参与者之间的互动实践是虚拟空间技术分身在场的、基于数据代码进行的连接,而交互者身体可以在不同的地理空间,即具身在场被虚拟的技术分身在场所替代,实现跨场域的交流互动。也就是说,在信息技术帮助下,内容的传播由面对面的口头交流或书面文字形式转向跨时空的音视频形式,既缩短了阅读时间,又增加了视听享受,更使人们的碎片化时间得以利用。而且网络空间的匿名性和多重身份特征,模糊了文化传播主体的身份标签,为城乡文化的互动扫清了障碍,这也就使得城乡文化的数字化成为城乡居民交互和网络空间文化再生产的生动实践。

1. 网络媒介推动城乡一体化

尽管中国的网络实践是从城市走向农村，网络文化的开放包容还是加速了城乡文化的交互和融合。网络文化就是现实社会文化在网络空间的映射与发展，是文化数字化的产物。正因如此，当乡村受众脱去农民的外衣，进入网络空间，一部分受众便开始失去身份认同，以至于完全沦为网络景观的表演者，其网络文化的生产过程是作为网络追随者的模仿过程，往往也是乡村文化的赋魅过程。但网络文化又是一个动态发展的过程，是一个不断"赋魅—祛魅"的过程。乡村文化进入网络空间，不可避免地要和城市文化产生对话，在各自不断的交互、碰撞和妥协中走向融合。因此与其说网络文化是虚拟社会自发形成的秩序，毋宁说网络文化是现实社会多元文化加速融合的反映。文化数字化有助于发挥文化调节在城乡区域一体化进程中的推动作用。

首先是人的融合，即文化数字化与城乡居民一体化。城乡区域一体化发展首先是城乡居民一体化，即城市人口返乡就业创业或农民工在城市工作生活有所保障，实现城乡居民的融合。这实际上是城乡社会发展的第二个阶段以后所要解决的重要问题。在第一个阶段，农业补助工业的发展，农村为城市建设作出了巨大的牺牲，包括劳动力人口老龄化、环境污染等。农民工进城务工、经商，农村成为中国现代化的大后方，发挥了稳定器与蓄水池的作用（贺雪峰，2020）；到了第二阶段，工业反哺农业，城市帮扶农村，在精准扶贫进程中成效明显，整个社会消除了整体贫困、绝对贫困。但想要共同富裕，还需要城乡共同努力，这一点缺少社会认同是必不可取的，也只有在认同的前提下，才会有越来越多的人加入第三次社会分配中来，因而文化认同的调节作用就显得尤为重要。

城乡居民在网络空间的同频共振为其建构文化认同提供了方便，加速城乡居民的一体化。从传播方式看，技术不断更新着媒介内容的表现形式，从文字、图片的展示到声音、视频的传递，媒介技术传播信息的方式越来越多，众多媒介形式在数字技术构建的网络空间可以随意切换，形成共振传播，从而产生互文性效果。用户在使用网络的过程中，不断地接收到相似的信息，从而加深印象，也就比较容易产生文化认同。此外，技术较好地或部分地缩短了跨文化传播中的文化距离问题。数字技术所建构的网络虚拟空间加速了多元文化的融合演化，为不同文化之间的碰撞提供了缓冲带。技术是建构和传播网络空间的乡村文化的关键要素。通过网络技术,可以将乡村文化以图文影像和声音的形式进行跨区域传播,让不同身份背景的受众相互联系,且不同文化背景的用户利用数字媒介技术可以最优化地找到自己容易接受的信息转移或解码方式,减小了信息传播过程中的偏误,弥合彼此之间的文化差异,从而同理心被唤醒、放大,更容易产生共情,进而促进对对方文化的认同。

换言之,城乡居民的一体化还需要在城乡文化一体化的条件下实现,尤其是城乡居民思想之间的矛盾需要文化调节。一方面,文化在缩小城镇农村差距中的作用显著。厉以宁(2018:164)在《文化经济学》中所说的:"'同甘'靠制度,'共苦'靠什么呢?共苦靠精神,靠认同,认同就是对所在群体的认同。"实际上,制度和精神就是构成文化的重要部分,文化认同对"同甘共苦"的调节作用在城乡一体化进程中同样适用。构建城乡居民之间的文化认同,就是利用文化调节,缩小城乡区域的文化距离,消解城乡居民先验思想中的他者成分。另一方面,城乡文化的交叉领域是促使城乡居民一体化的基础所在。中国的城市文化根植于乡村文化,是经现代科技改造过的、发展了的乡村文化。同时,其科技、时尚、便捷的特征对乡村居民具有非常大的吸引力,是乡村居民流向城市的重要原因。而乡村地区具有更为丰富的、能够凝聚人心的传统文化资源,是城乡居民共同的文化基因,如红色文化资源。共产党早期农村包围城市的革命战略率先在农村地区建设革命根据地,滋养出一批红色文化基因,产生了许许多多动人的红色故事。这也是连接城乡文化基因,是最易建构城乡文化认同的优秀文化。现阶段,中国共产党十分重视红色资源的利用,习近平总书记在中央政治局第三十一次集体学习中指出,"红色是中国共产党、中华人民共和国最鲜亮的底色,在我国960多万平方公里的广袤大地上红色资源星罗棋布……各级党组织要充分利用好红色资源,教育引导广大党员、干部赓续红色血脉,做到学史明理、学史增信、学史崇德、学史力行"(习近平:2021)。这对建构城乡居民的身份认同效果显著。

其次是文化融合,即文化数字化与城乡文化一体化。除了建构城乡居民身份和思想精神上的认同以外,文化的另一种调节体现在发展农村文化产业上,即通过在乡村地区发展文化产业,带动乡村基础产业的发展,提高乡村居民的收入和加速城乡产业结构一体化布局。发展农村文化产业,一方面是将传统农业与新兴文化业态相结合,利用城市工业服务业发展的溢出效应,加速实现新的农业现代化转型;另一方面是挖掘农村传统优秀文化资源，用文化产业赋能乡村发展。正如习近平总书记在贵州考察时所说，"传统的也是时尚的。它既是文化又是产业，它既能够发扬民族文化、传统文化，又用产业来扶贫，用产业来振兴乡村，可以做出贡献"①。以生产传播技术变迁为特性的文化产业数字化过程的显著影响是生产要素比例的变化、消费价格的变化和资本对创意阶层的替代。换言之，网络数字技术让文化生产的在地性变得不那么重要，进一步使得城乡之间地理意义上的差异逐渐消失。

另外，网络数字媒介推进区域和城乡文化交互融合，加速城乡文化的一体化。如上所述，网络文化也是长期保持着一个动态、开放的发展过程。乡村文化数字化也是一个动态的发展过程。城市文化和乡村文化各自形成网络文化的一个子系统，持续地在网络空间交互融合。网络文化又是一个客观存在的且有"耗散结构"（张兴奇和顾晓艳，2012）性质的复杂开放系统，受社会、经济、文化、技术等诸多方面的影响，反过来也影响着社会、经济、技术等。网络文化系统的开放性使网络文化不断与外界存在（社会、经济、技术等）交换物质或内容，始终保持着动态发展的水平。网络技术作用在城乡文化交互上，表现为网络空间城乡文化融合并作用于现实城乡社会经济发展的动态过程。也就是上文所说的，网络媒介为城乡文化再生产提供公共空间，是城乡文化交互的缓冲带，是帮助城乡居民融入彼此的重要载体。

所以说，网络媒介技术作用下的文化数字化，为城乡居民一体化和城乡文化一体化提供了对话基础和实施空间，文化数字化对城乡区域的文化差异具有调和作用，有助于推动城乡之间文明对话和区域文化融合。

2. 网络文化调节促进城乡共同富裕

城乡网络文化的交互融合为发挥网络文化在城乡发展互动中的调节作用提供了基础。共同富裕是文化数字化、城乡文化一体化的最终目的和必然结果。富裕包含物质和精神两层意涵，城乡融合发展中的共同富裕也包含两方面意涵：一是城乡居民经济物质生活的共同富裕；二是城乡居民精神文化生活的共同富裕。从城乡文化融合的视角看，共同富裕就是既要通过文化调节解决城乡居民经济物质分配的不平衡、不充分问题，又要通过

---

① 中央广播电视总台央视网：《传统的也是时尚的》（2021年2月4日）[2023年5月22日]，https://news.cctv.com/2021/02/04/ARTIiELRGD0Q5GK1m32lBJWz210204.shtml。

文化融合解决城乡居民精神文化分配的不平衡、不充分问题。换言之，文化至少为实现城乡共同富裕提供两方面调节：一是在生产环节，促进城乡经济和文化生产的最大化；二是在分配环节，促进城乡经济和文化分配的均等化。前者解决的是如何"做大蛋糕"的问题，后者解决的是如何"分好蛋糕"的问题。文化融合本身就是共同富裕的题中之义，其能否实现的关键是要在城乡发展之间建构认同。在高质量发展中促进共同富裕要处理好物质和精神的关系，实现人民物质富裕和精神富足平衡。[①] 这也是党的二十大报告中提出的实现中国式现代化中人的现代化的基本要求。

首先是生产环节的网络文化调节。就中国经济社会的现代化发展实际而言，存在着城市的现代化和农村的工业化两个最大的现实。根据配第—克拉克定律，经济发展具有要素从第一部门向第二部门转移，再从第二部门向第三部门转移的经济发展规律，这也是城乡经济发展的阶段论的理论基础。城市的现代化意味着城市部门已经进入相对更高级的一个阶段，而农村地区的现代化前提是完成农村的工业化，尽管这可能是发展实际，却不利于城乡一体化发展，更不利于实现城乡共同富裕。再加上中国的工业化进程，具有先以农支工，后以工支农的总趋势（张培刚，2014：39）。正如贺雪峰（2020）指出，中国不同文化区域农民行为模式会共同向市场经济原则靠近，市场经济和城市化在很短时期就可以将整个中国农村整合为一个越来越同质的整体。从精准扶贫的角度看，对文化边缘区的扶贫，重点应放在文化教育方面。

实际上，文化对城乡经济发展具有调节作用。文化融合作用于乡村经济生产，可做大"蛋糕"。如上所述，乡村自媒体所构建的网络文化对经济部门的影响主要表现在两个方面：一是自媒体作为新媒介创新经济模式；二是乡村自媒体网络文化为经济增长提供的新经济生产要素。

此外，文化融合在乡村振兴过程中有许多积极的应用，能够帮助乡村低收入群体富裕起来。乡村文化通过在网络空间的传播与再生产，吸引大量的注意力，这种注意力经济通过虚拟空间的转换为现实社会的乡村经济增长赋能。2019年有2200万人在快手平台上获得收入，其中近500万人来自贫困地区。2019年10月15—17日，快手联动头部政务单位、各地媒

---

① 光明日报光明网：《全面推动共同富裕的关键路径及重大战略举措》（2021年10月7日）[2023年5月22日]，https://theory.gmw.cn/2021-10/07/content_35213792.htm。

体、快手幸福乡村带头人、快手乡村振兴官，共同开展"看见幸福乡村——百人百城系列直播"活动，其中包括五场中国绝色快手村直播，来自全国东南西北中的五个快手村，透过屏幕展现各地乡村人、物、景三个维度风貌及扶贫成果。快手平台上致力于传播乡村振兴和扶贫的内容很多，比如阿土列尔村村民"（悬崖飞人）拉博"，带领网友们领略悬崖风景，参观悬崖村旧景和脱贫后的乡村文旅新貌，展现出扶贫带给悬崖村的巨大改变；牧民达西斯仁直播在蒙古包喝马奶酒、品尝蒙古族特色美食、草原上骑骆驼……为来自全国各地的网友带来了最原生态的草原牧民生活；快手幸福乡村带头人苗看良在位于吐鲁番市高昌区亚尔镇的亚尔村，带领网友们领略家乡美丽风景；张春梅在连云港赣榆区石桥镇石桥村进行了一场出海赶海直播等。这些案例都是将传统乡村文化转化为经济生产力，为"做大蛋糕"提供新的生产要素，即文化。

其次是分配环节的网络文化调节。文化融合作用与反作用于第三次分配。网络文化调节在第三次分配中具有重要作用。第三次分配是在向善和道德的理念引导下企业和个人自觉自愿的行为，慈善公益捐款是第三次分配的重要方式（黄隽，2021）。人人向善、人人乐善的慈善文化是第三次分配得以实现的重要基础。苗青（2021）指出，慈善文化是根本力量，可持续的第三次分配重点不是制度驱动下的富人帮穷人，而是塑造人人向善、人人乐善的慈善文化。如上文所述，网络文化的共振传播由于慈善文化在更多人群、更广范围内产生共鸣，具有形塑人人向善的社会文化，建构共同富裕的社会价值观认同的媒介作用。由此可见，文化调节是触发第三次分配行动的关键，网络文化调节就是要通过网络媒介发挥文化涵化人性和社会动员的作用。反之，第三次分配反作用于网络文化，参与城乡文化的分配与再分配，推动文化融合。

因此，文化融合对城乡共同富裕的调节作用还体现在城乡文化分配上，即网络文化缩小城乡居民文化素养差异，增强了城乡居民的幸福感和获得感。农民幸福感并不完全由收入水平及其差距所决定，机会的平等、参与的平等与获得的平等同样重要，人文环境和自然环境的改善均能提高人们的幸福感（罗必良等，2021）。也就是说，与城市居民一样，乡村居民具有较高的数字服务和文化内容需求。一方面，随着农业现代化和农村工业化的发展，农民收入不断增加，在收入效应的作用下，农民群体的文化消费需求会不断增加。"农产品的'需求收入弹性'远较工业品为低，换言之，随着工业化的进展，人们的收入将会增加；但从长远来看，人们将会把较多的收入用于购买和享用城市工业的产品和劳务，而把较少的收入用于粮食以及其他以农产品作为原料的工业产品。"（张培刚，2014：40）另一方面，随着城镇化进程的推进，农村剩余劳动力越来越多，这些剩余劳动力逐渐向城市转移，在参与城市建设的过程中了解、熟悉并习惯城市生活，并将这种城市文化和生活方式带回乡村，参与城乡文化的分配与再分配。

为了调节城乡区域文化分配与再分配，势必又要做好公共文化服务设施的分配与再分配。网络数字设施是新型基础设施建设的一部分，既是公共服务设施的重要组成，又是公共网络文化服务的重要载体。网络文化服务也是公共文化服务的一部分，网络文化服务均等化发展是促进城乡共同富裕的内在要求。另外，网络服务还包括利用网络信息技术实现公共服务数字化转型，网络服务均等化是借助网络信息技术弥补区域、城乡基本公共服务的差距。因此，文化数字化转型就是要借助网络服务缩小城乡文化距离，实现城乡文化一体化，乃至文化共同富裕。一方面，乡村文化数字化可以在有限消耗和短期内大幅度提高乡村文化服务的可供性和质量；另一方面，信息资源在网络空间具有跨区域流动性，使得短期内有限的网络文化服务可以实现跨区域共享，为"分好蛋糕"提供了调和的工具，即文化。

综上所述，网络文化对促进城乡共同富裕具有不可忽视的调和作用。数字下乡和文化数字化战略下的网络文化调节只是方法和手段。城乡文化融合和城乡一体化也只是路径，城乡共同富裕才是文化数字化的最终目的。扎实推进共同富裕，尤其是促进农民农村共同富裕，应当以网络媒介为抓手，发挥网络文化调节作用，在文化数字化和城乡文化融合进程中实现农民农村精神文化和物质经济的共同富裕。此外，从网络文化调和出发，促进城乡文化融合发展和城乡居民共同富裕，可以得到以下几点启示。

一是营造良好的网络文化生态，提高全社会安全和信任水平。网络文化治理要与乡村治理相结合，网络文化调节不仅是乡村治理的新工具，还是建构乡村居民价值共识和文化生活，引领乡村文化发展的新风尚。在大力推行数字下乡的同时，兼顾设施建设和媒介素养教育服务，优化网络文化生态，强化农村数字文化生产力，因地制宜、因材施教，在可亲、可信的网络环境中推动城乡文化融合，发展文化经济，做大文化生产的"蛋糕"，为实现城乡居民文化共同富裕服务。

二是加快部署数字下乡战略，完善农村网络可供性和农业农村现代化。积极应对移动互联技术在农村地区的普及，提高农村地区公共网络服务水平，以开放的姿态迎接网络媒介带来的机遇和挑战，尽量减小乃至消除数字鸿沟，从政策和技术层面完善农村网络治理，加速提高农村网络服务均等化水平，努力形成健康、有序、可持续化的农村网络媒介生态，防止媒介接近权滥用等不良现象发生。在平等、公平、公正的网络文化中构建新型城乡关系，发挥网络文化对第三次分配的调和作用，分配好"蛋糕"，为实现城乡居民经济共同富裕服务。

三是重点关注低收入人群，推动城乡数字服务均等化和人的现代化。从中国的国情看，为低收入群体创造更多发展机会和增收机会，是扩大中等收入群体规模、优化收入分配结构、实现共同富裕的重要路径（李实和詹鹏，2021）。低收入群体在网络可供性，尤其是网络接入环境、上网设备等方面较中高收入群体差距较大，缺乏完备的网络文化服务。对于乡村而言，要关切农村留守儿童和乡村老人等重点群体网络使用状况，提升乡村网络文化服务水平，发挥网络文化对留守儿童和老人社会化能力和主观幸福感的正向推动作用；对于城市而言，要提升低收入居民和进城农民工的网络文化服务，利用网络文化服务增强他们的社会认同与就业技能。换言之，推进城乡共同富裕要分步骤进行，在"提低""扩中"和"调高"的选择上，优先考虑"提低"，补齐城乡共同富裕的木桶短板，这既是"做大蛋糕"，又是"分好蛋糕"。

第六章 乡村自媒体传播生态优化与网络文化安全治理

乡村自媒体网络治理既是构成网络文化安全治理的重要内容，又是现阶段乡村治理和做好新时代群众工作的重要构成部分，且网络文化安全治理还可以为乡村治理服务，其以乡村自媒体为工具，是提升乡村治理能力，推动国家治理能力现代化的重要契机。陈明辉和李明（2018）认为，互联网时代的自媒体治理必须打破传统监管思维，结合自媒体的传播规律构建网络空间的治理体系。包括通过科学立法建立与自媒体相适应的法律制度，采用行政手段加强对危害性信息的管理，合理指导行业自治和用户自律。乡村自媒体网络治理的内涵覆盖乡村自媒体传播生态的方方面面，乡村自媒体网络治理体系更是在总体国家安全观和国家治理体系和治理能力现代化背景下的新型治理体系，是实现以人民为中心、维护广大网络用户根本利益的重要条件。构建并完善政府主导、平台助力、全民参与的乡村自媒体网络治理体系是研究乡村自媒体传播生态的最终目标，也是以自媒体为代表的网络媒介可持续发展的根本保障。

第一节 治理体系：建构并完善乡村自媒体网络治理体系

一 逻辑依据

首先是以人类命运共同体理念为理论指导，构建多元开放的全球网络治理体系。朱丹和刘永伟（2020）指出，唯有构建全球网络空间治理的新体系，才能在人类命运共同体格局下将多元化的主体拧成一股绳。他们进一步指出，网络平台具有公域性，为不同国家、地区提供了资源平台，互联网的发展为建设人类命运共同体提供了一个连接点。以人类命运共同体理念为指导，就是要在全球范围内，整合国际力量，形成一个由多元主体共商共建共享的网络综合治理体系。在全球网络治理方面，各国已经初步达成共识。如欧洲理事会26个欧盟成员国以及美国、加拿大、日本和南非等国家的政府官员于2001年11月在布达佩斯共同签署的针对网络犯罪的国际公约《欧洲网络犯罪公约》，旨在寻求世界范围内共同打击网络犯罪的刑事政策，特别是建立适应网络犯罪的法律体系和国际协助（胡健生和黄志雄，2016）；2018年5月生效的欧盟隐私和数据保护法规《通用数据保护条例（GDPR）》是迄今为止全球范围内最具影响力的个人数据保护立法之一。欧盟立法机关通过制定宽泛的地域适用范围条款以赋予GDPR域外效力，旨在对作为基本权利的个人数据权提供全球范围内的充分保护，并试图通过该法扩张地域管辖，增强网络治理的全球影响力（俞胜杰和林燕萍，2020）。对于国内而言，构建基于人类命运共同体理念的乡村自媒体网络治理体系，就是以民族共同体、城乡区域共同体、文化共同体理念为指导，兼顾不同民族、年龄、性别、职业村民和城镇居民的网络诉求和公共利益。

其次是立足总体国家安全观，构建全面综合的网络治理体系。网络综合治理体系是一个有机、协调、动态、安全、整体的运行系统，包括规范行为、市场行为和社会行为等一系列制度和程序，涵盖政府治理、市场治理、社会治理等不同层级体系（周净鸿，2021）。乡村自媒体网络治理体系必须建立在网络综合治理体系之内，和其他网络媒体治理体系一道，共同构成有机统一的网络综合治理体系。立足总体国家安全观，不仅仅要求进行网络治理和网络文化治理，还要求关注可能引起经济安全问题、政治安全问题、社会安全问题和意识形态安全问题等的领域，做到系统全面的安全治理闭环。此外，构建乡村自媒体网络综合治理体系还要立足乡村自媒体网络传播生态，从乡村自媒体的用户、传播主体、传播内容、传播平台和传播效果等方面开展逐层治理，在乡村自媒体传播价值链各环节，有组织、有步骤、有依据地建立监控与治理体系。

最后是法治与自治相结合，构建内外兼顾的现代化自媒体网络治理体系。尤尔根·哈贝马斯在《社会交往理论》中提出，和谐社会的构建需要不同的参与者在不受强制的前提下达成共识。因此,依法治理乡村自媒体网络传播生态要在全社会建立法治观念,既要完善相关法律制度,坚持依法治网,又要顺应网络文化生态演化特征,保障网络自组织机制的有序运行。而网络自治是要创新乡村自媒体网络治理模式,顺应并利用自媒体网络自组织机制和规律,一方面,调动自媒体主体和用户的积极性,将广大普通网民纳入网络治理体系的建设中,发挥网民具身传播的媒介作用;另一方面,借助大数据分析和人工智能等网络技术工具在网络治理过程中的高效率,创新技术治理应用,提高事前预防的准确性,加强事中治理的科学性,完善事后治理的全面性。

二 治理目标

首先是要尽快建立长久有效的乡村自媒体网络综合治理体系。构建乡村自媒体网络综合治理体系一定要突破传统管制思维、独立思维、消极被动思维,向治理思维、系统思维、积极主动思维转换,从运动式的治理方式转换为制度化、常态化的治理方式。建立长治有效的网络综合治理体系,是乡村自媒体网络治理的基本目标。实现此目标,一方面,要从长远期治理和可持续发展出发,实现自媒体网络治理的长效性;另一方面,要从乡村自媒体传播生态的广度和深度出发,实现自媒体网络治理的全面性。优化乡村自媒体网络传播生态,为乡村自媒体内容生产创作、信息传播交互提供风清气正的网络环境,将乡村自媒体打造成传播乡村优秀传统文化、美丽乡村山水田园风光和乡村农民工匠日常生活工作的重要平台的同时,利用乡村自媒体的媒介监测功能实现乡村治理,也可以作为完善网络治理体系的重要补充。

其次是要尽量发挥乡村自媒体宏微观方面的积极影响,服务乡村经济社会发展。通过积极主动的乡村自媒体网络治理,发挥乡村自媒体网络的积极影响,不断推动乡村经济社会的发展进步。一方面,完善乡村自媒体网络基础设施建设,提高乡村自媒体作为公共设施的公共服务质量,实现其在城乡人口互动和流动中的工具作用;另一方面,实现乡村自媒体在乡村教育、交际、购物、文化传播等方面的媒介作用,实现乡村自媒体在宣传乡村优秀文化、推广乡村特色农产品、弥补乡村儿童家庭教育缺失、促进乡村儿童社会化等方面的重要功能。这是乡村自媒体网络治理的关键目标。

最后是要尽早实现传媒的公共性目标，提高乡村居民的幸福感和获得感。公共性本身就表现为一个独立的领域，即公共领域，它和私人领域相对立（哈贝马斯，1999：2）。而随着社会的发展，哈贝马斯提出更具现代社会特点的多元公共领域模式，他将公共领域看作一种用来交流信息的网络，传媒必须按照公共领域的规范要求展开其实践。实际上，传媒的公共性就是传媒服务于公共利益所体现出来的社会属性，包括"政治属性"和"人民性"（鲁可和王鑫，2021）。实现乡村自媒体的公共性目标，就是要完善乡村公共文化基础设施，提高乡村居民网络自媒体使用效率，包括减少乡村自媒体传播内容的同质化、低质化、低俗化，增加乡村自媒体传播主体和内容的多样性和传播文化的多元化，提高主流文化价值观和意识形态的传播力度等，进而提高乡村居民的幸福感和获得感。这也是乡村自媒体网络治理的最终目标。

三 制度安排

制度作为人们共同遵守的行为规则和秩序，是所有经济社会活动和关系展开的框架，是构建乡村自媒体网络治理体系重要依据。一项制度的安排要同时具有有效性和可操作性（么晓颖，2019）。从优化乡村自媒体传播生态出发，构建乡村自媒体网络治理体系的制度安排包括正式制度安排和非正式制度安排两类，需要统筹政府部门、个人、民间组织和第三部门，实施全方位、多主体、立体化的制度安排。

正式制度安排是构建乡村自媒体网络治理体系的关键要素，目的是保护相关主体的行为权责明晰。这就要使用法律法规、规范条例等文本形式的制度安排，保证相关治理举措的顺利实施。例如，在乡村自媒体传播主体和受众方面采取隐私保护制度，防止因网络数字身份的可追溯性而导致侵犯人权的网络暴力事件；在乡村自媒体传播内容方面进行知识产权保护制度，防止因为网络空间的外部性而出现低成本复制；在乡村自媒体传播渠道方面实施媒介技术和规格标准制度，为不同媒介平台进入与退出乡村自媒体市场服务，防止媒介平台技术垄断或平台间恶意竞争；在乡村自媒体传播效果与影响方面关联相应的经济制度、政治制度、文化制度等，防止乡村经济社会的发展受到消极的影响而扰乱乡村社会正常的生产生活秩序等。

非正式制度安排是构建乡村自媒体网络治理体系的重要补充，目的是激励网络治理的包容性创新。尽管网络空间的多元文化为治理者带来了很大的麻烦，但同时为构建乡村自媒体网络治理体系提供了许多潜在的社会规范、风俗习惯和宗教信仰等非正式制度安排的可能。这些非正式制度深刻影响着乡村自媒体传播生态的方方面面，为乡村自媒体长尾市场提供了高度社会化导向的关系治理模式。以传统血缘、亲缘、地缘和社区关系所构筑的社会关系网络为乡村自媒体提供了丰富的社会资本，将一些基于价值认同、利益共享、风险共担、信任互惠的创新主体嵌入乡村自媒体自组织网络之中，使创新性非正式制度安排得以实现。此外，开展包容性创新的非正式制度安排还需要与之相匹配的制度环境。这就要求各种各样保证健康有序的网络社会和网络文化生态正常运转的制度与之相配合，如提高个体创新能力的教育制度、人才制度，保障网民公平平等交互，享有一定话语权的民主制度，发挥政府部门公共服务职能、保障国家安全的社会制度等。

第二节 治理策略：主动干预、积极引导和建构认同

在互联网应用快速增长阶段，应对新型且复杂的网络文化生态需要采取积极干预的策略。网络文化安全监控包含两方面内容：网络空间文化安全监控和利用网络平台监控线下文化。前者是网络治理问题，后者是基于网络的治理问题。应对上文提到的网络文化大众化、转文化性和集体狂欢等诸般特征，借鉴"惩罚、激励和认同"管理逻辑，提出主动干预、积极引导、建构认同的分级、分层、分步递进式治理逻辑和对策。

一 主动干预：提高机器识别与屏蔽作用

基于大数据技术的机器识别是对乡村自媒体传播生态的理性分析，即在对用户网络使用行为惯例画像的基础上，提高网络治理和乡村治理的效

率。乡村自媒体的内容多样，不同性别、年龄、身份和职业的用户使用习惯和偏好差异较大，除通过大数据技术进行智能内容推送之外，更要完善智能技术在乡村自媒体内容生产、存储、分发、使用和评价与反馈全过程中的驱动作用。在此基础上，加强对网络亚文化特征的研判，做好事前治理，将乡村自媒体中的"三俗"（庸俗、低俗、媚俗）内容扼杀在摇篮中。

主动干预的网络文化安全治理路径的依据是国家集体利益至上，正如单美贤等（2017）强调在网络空间治理中表现为积极倡导网络主权的国家至上原则。主动干预离不开媒介技术的保障。技术以重要的方式塑造着网络文化，它能使某些群体更容易接触到网络文化，而另一些群体则不能；它同时又能转变受众与文化的关系，改变受众的看法（霍尔和尼兹，2002：223）。在媒介技术的统合下，网络媒介呈现出的"实时性"、技术融合、即时反馈和无处不在的位置感知，滋生出"地理媒介"的概念（麦克奎尔，2019：46）。网络地理媒介框架的作用逻辑是利用网络媒介突破时空区隔，激活本地场景并与特定地点建立联系。史密斯（2003）指出，空间总是处于生成的过程中。网络地理媒介是空间生产的中介力量。随着媒介的发展，新的观念开始出现：交通和通信可以彼此脱离，空间不再是限制信息传播的、不可避免的障碍。网络传播真正实现，在于线上交互的无时无刻、无处不在。网络媒介使时间和空间都不再是信息传播的障碍，受众随时随地都可以实现虚拟在场。例如在微博，每天的热门话题拥有上亿条的阅读量和数以万计的讨论，这些阅读和讨论彼此关照、互相勾连，形成特定的微博文化，共同建构和维护着受众的虚拟空间。

主动干预的关键是要巧用虚拟现实、人工智能、数据可视化等网络传播技术在网络文化识别、监控与引导方面的积极作用，巧用这些技术就是在网络文化互动中，通过技术媒介加工生成具有普遍性、共享性和易适应性的符号，让受众头脑中的主观现实被媒介塑造的符号现实所内化，并在媒介所建构的周期性、持续性的网络文化动态生成过程中，对受众产生涵化作用。具体包括：从预见性、实时性、准确性、全面性出发，借助网络大数据分析技术，建立网络敏感词预警、智能搜索引擎预警、网络流量预警；制定并健全发现、汇集、报送、分析研判和分级、分层、分流的网络舆情引导和受众情感疏导机制；建立应对重大舆情和突发事件的内容集中生产调度机制和动员反馈互动机制；等等。

第六章　乡村自媒体传播生态优化与网络文化安全治理

二　积极引导：培育积极向上的乡村网络意见领袖

意见领袖在两级传播模式下发挥着信息中介的作用，其赖以发挥作用的媒介框架包括加工解释、传播扩散、支配引导和协调干预。尽管在网络媒介多级传播环境下，个人比以往任何时候都要自由，但作为"人的延伸"，网络媒介使人们"听、说、读"等感官能力进一步"分化""统合"，最终筛选出一个中心化的意见领袖。与大众传播时代意见领袖不一样的是，网络意见领袖是在多极传播环境下逐渐演化形成，存在于跨越地理限制、相对松散的众多用户中（Horrigan 等，2006），其影响力又取决于集体行动的环境和性质。头部乡村自媒体就是网络意见领袖式的存在。乡村网络意见领袖在传统意见领袖的媒介框架下，通过更大范围的"影像叙事"和"嘲弄讽刺"等手段，建构集体认同感，实现网络媒介动员和扩散，并形塑共意。这也同时意味着，网络意见领袖的特殊地位表现在话语权主导上。基于网络话语权主导的意见领袖作用是网络媒介参与社会动员的基本逻辑。意见领袖首先应当扮演好网络传播中仪式引领者和执行者的角色。正如迪尔凯姆所说的，文化将整个世界分为两类，神圣的和世俗的，而仪式告诉人们在神圣的情况下该如何举手投足。因此，仪式可以充当网络空间转文化的工具。仪式是标准化、重复的行为，网络空间转文化就是按照网络传播的规律规则，制定出标准的网络传播仪式，为受众创造一个超越日常互动的特殊时空。但目前的乡村意见领袖还局限于流量或资本驱动，鲜有从网络意识形态或价值观引领出发来形塑意见领袖，这也是引致乡村自媒体传播生态中意识形态和价值观安全隐患的重要原因，急需价值引导。

积极引导的重点是要积极发挥乡村网络意见领袖在乡村自媒体网络文化空间文化接触、文化引入和文化吸收过程中的协调引导作用。对权威的服从是一个文化特征，尊敬、友爱和平等精神也是如此（霍尔和尼兹，2002：28）。一方面，合理利用网络文化的交互效应，在网络媒介与受众的交互过程中，借助意见领袖的权威性，说服并形塑受众的网络身份；另一方面，扩大平台的孵化作用，培育分级分层的意见领袖，特别是培育致力于传播正确价值观和优秀文化的乡村意见领袖。这就要求相关管理部门对自媒体平台企业的监督和管控，逐步扩大各平台"新农人"扶持计划

(平台为培育网红乡村自媒体的项目计划,主要通过提供流量扶持和培训课程培育一批头部账号,如微信视频号"好看乡村"新农人计划、抖音"新农人计划"等)的覆盖面和应用领域,发挥网络交互的同伴效应,通过同伴影响扩大媒介对受众的带动和涵化作用,激发并满足全民的创作热情。

三 建构认同:建立乡村网络空间文化认同

建构认同是保障乡村网络意识形态安全和价值观安全的关键。乡村自媒体在传播乡村文化的同时,对网络空间及线下的意识形态安全影响显著,用户选择特定的自媒体平台和内容,最终是由其发自内心的认同决定的。传统农村居民通常都是经验主义,过往的生活和老一辈的经验是他们认识世界的行动准则。乡村自媒体作为新鲜事物,要想融入乡村社会并发挥其良好的社会效益和经济效益,最根本的是要融入乡村文化,在乡村群体之间建构认同。

在任何摒弃多元化的网络空间文化框架内,都难以充分表达作为转文化性的网络治理。首先,公共空间的"公共性"是要通过公共机会和演讲等具体的行动来建立。网络公共空间的复杂性在于,受众做出集体行动时,需要考虑到数字网络传播的规模、强度和时间。墨菲(2007)指出,公共空间只有能够集中并容纳差异和不同意见时,才能真正具有公共属性。在这期间,网络公共空间上也是充满竞争和对立。那么,这就需要上述网络意见领袖的参与,以确保信息交流的真实可靠且有序。其次,网络身份的隐匿性强化了"陌生人"的特征,受众成为分散在网络空间上的陌生人,就像齐美尔对现代城市居民的描述——"居于侧却远在天涯"。这样的不确定性使网络空间存在的张力越来越强。空间原来赖以维系的聚合性力量,如共同的文化、语言或宗教体验都逐渐模糊,乃至消失。取而代之的是更多的个性化和网络文化自由,于是便出现了网络社群。正如南茜(1991)所说,"社群是基于共同的存在,但自身不需被吸纳到共同的实质中去"。也就是说,要学会在复杂网络环境中分享社群的共同之处,同时又不在虚假共识的表象下丧失各自的差异。最后,网络公共空间是地理空间的补充。上述网络媒介的时空转向使信息传播跨越了地理条件的限制,受众原本进行的许多地理空间上的活动和交互都可以置身于网络空间中来完成。只要借助互联网媒介，受众可以在网络公共空间上进行跨时空的互动，参与公共空间的建构，行使其作为网络成员享有的相关权利。

建构认同最终是要在承认网络文化大众化、多元化、具有集体狂欢特征的同时，积极建构主流文化和意识形态网络空间的主导地位。乡村自媒体网络文化安全不仅是网络空间健康有序发展的重要保障，更是广大乡村网民意识形态安全和生命财产安全的关键内容。从建构集体文化认同的路径进行网络文化安全管理，就是从长期可持续发展的视角对乡村自媒体传播生态加以优化，让主流文化、传统文化根植于网络空间的"自由血液"中，增强受众对网络文化的认同感和文化自信，强化网络受众的凝聚力。

第三节　路径选择：知识建构、话语引导、技术创新与开放合作

一　知识建构

知识建构是优化乡村自媒体传播生态，构建乡村自媒体网络综合治理体系的根本路径。知识建构主要借鉴社会建构论思维，即认为，意义是在人们协作活动中被创造的，是跨共同体共享的（肯尼斯·洛根和玛丽·洛根，2019：2）。知识也需要不断建构。例如，工业革命以降，许多重要的科技发明都是在西方社会出现的，数字网络技术也不例外。有关互联网的许多知识逻辑都是由西方输入，但在中国社会和市场的应用过程中异化出多样化的特征。且简单地依靠发达国家的知识溢出来实现知识追赶已变得日益难以为继（吴义学和祁金利，2014），立足网络特有的文化生态和网络受众行为惯例，建构具有中国特色的知识体系是构建网络综合治理体系的根本路径。

因此，优化乡村自媒体传播生态，构建网络综合治理体系的知识建构路径具体包括：（1）自主知识生产。即加强民族、区域、国别学的研究，完善中国特色的知识生产体系。这就要求相关部门在数字下乡的进程中加强对村民媒介素养的培训和教育，深度挖掘中华民族传统文化，为指导规范乡村自媒体网络受众的行为提供底层逻辑。自主知识生产也是在尊重、

掘取各民族、区域、国别多元文化的基础上的多样化知识创新路径。（2）全球知识传播。即在自主知识生产的基础上加快构建知识共享体系。至少在网络空间范围内，建立开放共享的网站、数据库和知识共享平台，提高多元网络文化的可接近性。这就要求网络平台针对特别需求的乡村用户设计特色服务，比如开发便于操作的视频剪辑软件，在后台帮助不具备自主编辑能力的乡村用户编辑推广等。（3）知识产权保护。知识产权保护既是对自主知识生产的保障和激励，又是全球知识传播规范有序的制度安排。加强网络空间的知识产权保护，就是在共建共享的知识创新体系中，维系各个知识生产主体的积极性、权益性和持续性。

二　话语引导

话语引导是优化乡村自媒体传播生态，构建乡村自媒体网络综合治理体系的重要路径。福柯认为，社会集团、身份和立场——比如阶级、性别、种族和性征——并不是先在的，也不能以某种方式决定自己和他者的文化意义，它们在话语内被生产出来，话语决定它们是什么和怎么运作（鲍尔德温等，2004：31）。因此，构建网络话语体系，加强网络话语引导就变得格外重要。而构建网络话语体系的关键就是加强网络跨文化传播中多元文化价值认同。立足网络文化多元化的本质属性和持续演化的耗散结构特征，构建网络综合治理体系需要用户之间不断地交互涵化，最终形成对彼此所代表的网络亚文化的认同，形成网络人文共同体。实际上，弥合多元文化之间的文化距离，就是要建构跨文化传播中区域间文化认同。聂书江和周紫荆（2021）从对外传播视角出发，认为构建人文共同体既要重构公共外交、赢得国际精英的认同，又要重新梳理对外文化传播体系，提升对外文化服务价值，在对外传播策略上要注重情感传播。由此可见，跨文化传播中的话语引导的目的就是要实现文化认同，进而为构建人文共同体提供条件，为乡村自媒体网络空间价值观和意识形态安全提供保障。

社会认同理论进一步指出关系和网络也是一系列社会互动的后果（Trepet，2006）。实践上，话语引导路径关键要构建上下统一的网络话语体系，畅通"社群平台→乡村意见领袖→文化共享"的网络人文传播模式，即在社群内容平台上聚合文化内容生产，借助网络红人、明星政要等信息级联较大的乡村意见领袖（取代乡贤、宗族长老）进行信息扩散，实现线上线下、域内域外的文化共享模式。换言之，构建网络话语体系重点在建立网络语义库，充分利用数据挖掘与管理技术，分级、分类、分期建设网络文化语义库，秉持全面性、面向公众特别是青少年做好网络释义的原则，通过便捷、简易、迅速的网络检索，为受众提供及时、简单、专业的网络用语指导。在网络语义库的基础上规范网络文本创作和文化符号使用范围和条件，快速分享网络亚文化编码解码逻辑，在耗散即自组织结构下尽可能建构局部多元、整体规范的网络人文生态。

三 技术创新

技术创新是优化乡村自媒体传播生态，构建乡村自媒体网络综合治理体系的基础路径。凡勃伦将社会进步的推动力视为技术的革新，而社会的演进也就是通过技术创新不断突破制度阻力的过程（王立宏，2011）。信息技术的发展推动着虚拟社会的进步，且随着网络媒介技术进步，网络普及率和用户分布越来越广，网络文化已经从最初的草根文化发展到社群文化。无论是以社交媒体为代表的网络分享文化，还是以移动电商为代表的网络消费文化，都是在移动互联网、大数据分析、人工智能等网络技术创新下逐渐形成的新兴文化样态。技术进步既推动了网络文化的自我演进，又为优化乡村自媒体传播生态、构建网络综合治理体系提供了支撑。

优化乡村自媒体传播生态、构建网络综合治理体系的技术创新路径具体包括：（1）技术为生产服务。即正确看待和处理技术与文化的共生关系，利用技术赋能网络文化内容的生产和再生产，加快多元网络文化交流频率，缩小不同区域和组织之间的文化距离。一方面，网络媒介技术促进了用户内容生产、专业内容生产、聚合内容生产等多种网络文化内容创作模式，丰富了网络文化内容；另一方面，网络化驱动的信息、文化、符号等非物质流动构成了新的环境流动，即网络化技术为环境流动突破地方社会边界、实现解域化创造了条件，越来越多的原材料开始在网络空间重组（范叶超和斯巴哈伦，2017）。网络媒介技术突破了时间和空间的束缚，通过再现、互文等技术实现线上线下的人文交互，推动现实社会人文内容在网络空间的再生产。（2）技术为传播服务。从本雅明开始，人们就意识到技术创新促进了文化艺术的传播。网络技术创新更是为网络文化的生产传播提供了关键的载体，在网络媒介特定的物质性特征下，网络文化得以迅速传播。同时，技术创新意味着网络媒介使用成本的降低和服务质量的提升。基于鲍德里亚的文化二元论，技术创新有助于弥合"高雅文化"和"大众文化"之间的鸿沟，促进不同社群文化之间的平等交流，增进网络文化多样性和网络文化生态安全。（3）技术为安全监管服务。即构建网络文化安全技术体系，提高网络文化安全治理能力。基于大数据分析技术的网络舆情监测、人工智能推送等新兴技术开展网络文化安全技术创新，聚焦信息内容安全、媒体融合安全、数据资产保护、大数据处理安全、隐私保护，积极利用区块链、人工智能、6G移动网络等新技术，保障网络文化生产、传播安全有序。

四 开放合作

开放合作是优化乡村自媒体传播生态，构建乡村自媒体网络综合治理体系的关键路径。开放合作具有线上线下开放合作和乡村城镇、国内国际开放合作两层意涵。前者意味着，一旦与现实社会人文脱钩，网络文化就将成为无本之木，两者在很大程度上互为补充，网络文化的生产与再生产也是在两者的交互中进行的。后者则立足全球互联网互联互通的现实状况和构建全球人类命运共同体这一逻辑起点，在全球化的语境下构建国内外用户共享的网络治理体系。因此，开放合作路径要求兼顾他者的人文生产和传播视角。既要提高本地人文产品生产传播的服务质量，将如何在本地以外实现本土化传播的策略纳入文化产品和服务的生产环节的考量；又要注重现代网络文化核心价值的凝练，发挥情感传播、共振传播在建构价值认同中的促进作用。

此外，开放合作中还要准确把握尺度、向度和效度。任何国家的互联网自由都是以本国的利益和价值观来定义的，是以本国的国家安全和网络安全不受威胁为前提的（胡惠林和胡霁荣，2019：455）。尺度上，优化乡村自媒体传播生态，构建网络综合治理体系的开放合作路径不是无条件地开放与合作。网络空间是一个在幂律分布下的多极世界，网络交互需要满足正和博弈规则，网络人文的开放合作讲求在信息对称前提下实现多元文化的共生共享。向度上，优化乡村自媒体传播生态，构建网络综合治理体系开放合作路径应符合网络文化自组织结构特征规律，由边缘向中心逐层构建网络文化同心圆。效度上，加强乡村区域媒体资源和文化资源的整合,积极开拓面向城市的开放合作、面向区域的开放合作和面向世界的开放合作,在媒介融合的进程中发展乡村自媒体,将乡村自媒体的文化传播功能最大化。最后,在准确把握开放合作的尺度和向度的基础上,尽可能地提高合作的效度,尤其是加强在技术标准、法制规范等方面的合作。

第七章 结论与启示

第一节 基本结论

一 乡村自媒体传播生态

乡村自媒体的发展得益于网络新媒体的普及和网络文化的演化机制，乡村自媒体网络空间行为符合交互反馈机制和多元演化机制。对研究乡村自媒体传播生态而言，技术、传播与文化息息相关。总体来看，技术为传播提供方便，技术通过传播来作用于文化。乡村自媒体既是一种网络传播技术，又是一种网络亚文化。作为网络传播技术，乡村自媒体是移动互联时代的新兴媒体，传播速度快、门槛低、效果强；作为网络亚文化，乡村自媒体所建构的网络文化是传统乡土文化、自然生态文化在网络空间的再现和再生产。而这个再生产的过程离不开媒介技术，无论是叙事媒介，还是展示渠道，整个编码解码的过程和最终效果都要受到媒介技术的制约。乡村自媒体内容的生产就是用户使用新媒介技术的自我表露，数字和信息要素如何通过技术整合进乡村叙事，在网络虚拟空间呈现，就是乡村文化被生产并通过媒介技术在网络传播的过程。

此外，在乡村自媒体中网络文化的大众化、转文化性和集体狂欢的特征下，乡村自媒体用户和内容生态表现出主体间际的特征，具体表现为：（1）无限连接性：一是在传播渠道方面的无限性，多平台、共振性传播方式盛行；二是在传播主体和受众方面的无限性，全年龄段、全国范围人口覆盖；三是传播内容方面的无限性，多样化、多门类内容生产和传播。（2）有限主动性：表现为消极的媒介消费行为多于积极的媒介消费行为。

(3) 娱乐性：乡村自媒体乃至自媒体中娱乐消遣相关的内容分发占据大部分。(4) 模式化：乡村自媒体市场上存在明显的头部效应，和众多其他互联网业态表现一致，呈现出明显的"头部"区域＋"长尾"区域模式。(5) 区域多样性：乡村自媒体的发展与社会经济人口等要素具有相似性和一致性，地理上存在圈层效应，受众的使用和内容偏好具有差异性。即乡村自媒体的普及由较发达地区向欠发达地区蔓延，逐渐形成中心—外围的圈层格局。乡村自媒体的发展在地理上还表现出区域聚集的特征。

二 乡村自媒体媒介效果

乡村自媒体的媒介效果可以从微观和宏观两个角度加以分析。调研中的大多数受访者均给予积极的使用评价，表示乡村自媒体有利于帮助自己了解社会、排解压力。其中，超过80%的受访者认为乡村自媒体能够愉悦身心；超过50%的受访者认为乡村自媒体有助于充实生活；还有40%左右受访者认为乡村自媒体有助于了解社会时事和学得知识；另有超过20%的受访者认为乡村自媒体有助于了解国家政策方针，方便和家人朋友交流等。

首先，网络媒介微观影响的实证检验结果表明，农村留守儿童网络媒介使用行为和网络媒介使用偏好对其社会化水平的提高有着显著促进作用，网络媒介在农村留守儿童社会化的建构过程中作用显著。在参照系下，本研究所涉及的经验指标范围内，可以认为："00后"一代中国农村留守儿童的网络媒介接触有利于其社会化发展。不同于"80后""90后"一代儿童在普通大众媒介的使用中成长起来，如广播电视等传统媒介只提供他们有限选择，"00后"一代的成长伴随着移动互联技术的快速普及，网络媒介为"00后"一代农村留守儿童提供了学习、社交、娱乐等方面的多样化选择。农村网络媒介的普及有助于提高留守儿童社会化水平。换言之，农村留守儿童的研究，实质上已经是在网络社会背景条件下的青少年一般性研究。同时，这一结论还启示我们：新媒介技术已然成为人们日常生活的有机组成，具有形塑生活的驯化作用（师文和陈昌凤，2020）。在网络媒介的支持下，农村留守儿童的社会接触的范围越来越大，媒介对其社会化的驯化作用也越来越明显，甚至在一定程度上替代了父母和家庭的功能，使留守儿童变得更独立自主。提高农村媒介技术的可供性，有助于提高农村留守儿童网络媒介的可获得性，从而提高其社会化水平，为精准扶贫和乡村振兴战略实施提供媒介推动力，增强农村留守儿童获得感和幸福感。

其次，网络社交频次和网络购物频次对青少年心理健康具有显著正向影响，说明网络社交和购物具有缓解青少年心理压力的效果。但青少年使用网络媒介功能的单一性也不容忽视。网络媒介上大量的学习资源和社会功能并没有被青少年有效利用。从传播的功能看（施拉姆和波特，2010：32），青少年对网络媒介的使用体现了传播对个人的社会雷达和娱乐的社会功能，而传播对个人管理和传授的社会功能没能得到体现。无论是网络社交还是网络购物，都是通过网络媒介上的个人接触和消费享受来对青少年施加影响；而网络学习、工作为青少年提供了网上教育和个人影响，网络媒介想要借此实现的解释和学习的社会功能并没有得偿所愿。

再次，网络媒介使用对乡村老人主观幸福感的促进作用被社会认同的遮掩效应所弱化，乡村老人对网络媒介的使用在改善其和子女家庭关系的同时，降低了其社会认同水平。伴随着乡村自媒体的消费，乡村老人的社会认同度受到负面影响。

此外，网络文化安全必然影响社会发展、经济增长、政治安全、意识形态安全和环境保护。从网络文化安全治理的视角探索乡村自媒体宏观媒介效果，就是以乡村自媒体所建构的网络文化空间为突破口，分析乡村自媒体传播中的网络文化安全问题，进而探讨乡村自媒体在乡村发展振兴，尤其是在中国特色社会主义现代化新征程和新城镇建设中的宏观作用。可以发现，社会生活方面，乡村自媒体改变了村民交往惯习和人际关系，传统家庭关系和传统乡土文化中的权力关系，方便农民生活联系的同时为农民赋权；经济增长方面，乡村自媒体通过电商、直播带货等途径促进了乡村经济增长；政治动员方面，乡村自媒体已经逐渐成为村民获取新闻信息和政治参与、政治监督的新路径，提升了乡村治理效能，有助于线下的社会动员；环境保护方面，乡村自媒体增加了乡村环境保护的动力，有助于改善乡村自然生态和生活居住的人文环境。

最后，由于网络隐匿性和监管的滞后性，以及网民平均媒介素养较低，乡村自媒体的普及也会产生意识形态、政治、文化、价值观和环境等方面的安全隐患。网络所带来的个人主义、消费主义和娱乐主义的盛行给建构传统乡村文化和价值共识和网络文化安全治理均带来了挑战。

第七章 结论与启示

第二节 对若干发现的讨论与补充

一 乡村人际信用和社会认同

农村留守儿童在网络接触中逐渐培养自己的社会信任和认同，父母和家庭功能的缺失进一步迫使留守儿童在网络媒介中寻找社会交往和社会认同。尤其是留守儿童网络媒介使用社交偏好有助于提高其社会化水平的研究结果，揭示了留守儿童在网络媒介接触中，积极地通过网络互动产生了一系列社会关系和社会网络，在以此为基础建立的网络社区中形成自我认同和人际信任，并将此复制到现实社会中，产生社会信任和社会认同。但是网络媒介对乡村居民社会认同的溢出效应在乡村老年人群体中并没有得到很好的发挥。研究发现，伴随着乡村老人网络媒介的使用，其社会认同度反而降低，这意味着现有乡村自媒体传播生态中存在不可忽视的网络文化安全隐患。

实际上，人际信用和社会认同是乡村网络自媒体传播生态的核心，也是乡村自媒体发挥其微观和宏观媒介效果的关键。乡村自媒体所构建的网络空间中网络文化的生产与再生产都应当以增强网络人际信用和社会认同为主要任务和目标。尽管乡村自媒体拉近了人与人的空间距离，但乡村居民的网络交往还浮于表层，相较于以往线下的深交还有很长的路要走。甚至可以判断，网络空间的即时交互一定程度上增加了人们在现实社会的区隔，使得个体在网络个人主义、消费主义以及享乐主义推动下逐渐融入网络，以选择性的自我呈现或自我表露的方式成为景观社会的一部分，最终沦为资本控制下网络景观的副产品。而当一切已成习惯，网络锁定效应旋即占据主导，即便人们脱离了网络，一切也回不到过去，所有对过去的向往也只会增加人们在网络空间的缅怀与孤独。这就打破了传统乡村熟人社会特质，个人主义、流动性和城市化的兴起创造了一个以匿名和失序为特征的现代陌生人社会（弗农，2017：36）。

二 家庭功能和学校教育补偿

农村留守儿童网络媒介使用偏好对其社会化影响的检验结果表明,网络媒介能够在很大程度上弥补农村留守儿童家庭功能和学校教育的缺失。以往的研究显示,留守儿童成长的社会化环境单一,家庭、学校的影响和作用很大。而网络媒介的出现打破了这一单一化格局,为留守儿童提供了多样化选择。在实际调查中,许多留守儿童通过网络媒介自主学习、社交和娱乐,他们经常和父母在网上聊天,父母甚至通过网络视频对孩子进行辅导教育。网络媒介为留守儿童提供了多元化的社会化环境,网络空间能够提供便捷的交流渠道和丰富的在线学习课程,弥补了留守儿童成长过程中家庭功能的缺失和学校教育的不足。

留守儿童和空巢老人是农村社会发展急需关注的对象。在城乡二元经济发展模式下,出现了农村剩余劳动力,尤其是青壮年劳动力进入城市部门,谋求更高利润的劳动工种,补贴农业生产,使得农村地区出现长期只有年幼的孩子和年迈的老人留守的现象。随着乡村振兴和新型城镇化建设的开展,农村地区和城市地区的协同发展不断突进,网络基础设施和服务均等化程度不断推进,乡村留守儿童和空巢老人的网络接触与使用得到改善。以乡村自媒体为代表的网络服务逐渐成为留守儿童和空巢老人生活一部分,已经深度融入其社交、学习、娱乐等活动中,对相对贫乏的农村教育和养老资源无疑是重要的补充。

三 驯化与心理疏导:青少年网络媒介使用的效果观

多项研究表明父母和家庭因素对青少年心理健康影响较大。如鲍尔比(1982)提出依恋理论,认为父母是子女情绪调节的关键;周莉和罗月丰(2006)认为青少年处于身心发育期,还未形成独立的主观意识,特别容易受到父母的影响,家庭气氛是影响其心理健康的决定性因素;杨磊和戴优升(2019)进一步指出亲子关系是家庭环境的重要组成部分,是父母影响子女性格、情绪,发挥心理模塑的直观表达,亲子互动频率越高,则青少年心理健康状况越好。青少年网络媒介使用对其心理健康的影响,真实反映了网络媒介对青少年驯化和心理疏导的关照。驯化最早用来分析电视作为商品,被购买、占有、安置、使用,在家居空间中发挥文化功能的过程。随着媒介形态的变迁,驯化用于研究当新媒介技术成为日常生活的有机组成部分时,如何在使用的过程中发挥媒体功能、形塑人们日常生活(师文和陈昌凤,2020),构成了媒介效果研究在当代的发展。随着媒介使用效果的研究逐渐走向微观层面的深化和精细化,学界开始关注媒介使用对受众生活、娱乐、健康等多个层面的影响。尤其是将受众作为一个社会群体来考察,媒介使受众获得虚拟在场,使人们获得先前只有亲身经历的人才能获得的体验。网络媒介对青少年身心健康的影响实际上就是关注媒介恰恰在构筑时间和将私人领域社会化当中的作用。

网络传播时代信息生产方式的改变给社会带来的影响是全方位的,无论是政治生态、社会关系、经济形式,还是社会心理、社会情绪的变化,都与传播主体极端多元化的信息生产方式密切相关(隋岩,2018)。网络媒介对青少年的心理疏导作用已经凸显:一方面,青少年越来越依赖网络媒介提供指南,了解自身所处的环境;另一方面,网络传播时代大众传媒的娱乐功能得到充分发挥,传媒渗透力与影响力越来越大(王倩与孙俊青,2020)。青少年被媒介所带来的各类信息所裹挟,其情绪的形成、消退与网络媒介的信息传播紧密相连。青少年使用网络媒介的社交行为对其心理健康具有积极的促进作用,意味着网络社交媒介已然成为青少年群体交流互动、情感宣泄的重要渠道。网络媒介对青少年的驯化及心理疏导,为提升青少年身心健康水平提供了基础。

四 网络成瘾:青少年网络媒介使用的偏见

2018版《中国青少年健康教育核心信息及释义》将网络成瘾定义为在无成瘾物质的作用下对互联网使用冲动的失控行为,表现为过度使用互联网后导致明显的学业、职业、社会功能损伤。从这段表述来看,如果片面以使用时间来作为网瘾判断标准的话,那无论什么目的,只要是长时间使用即可构成网瘾。本书研究表明,当前青少年的网络成瘾问题值得商榷,就其身心健康的影响而言,网络媒介使用甚至对青少年身心健康存在积极影响。对待青少年网络成瘾问题不能只重时间不重结构。青少年是否患有网络成瘾问题,除了长时间的网络使用以外,还要关注其网络使用偏好的结构性问题。如前文所述,网络媒介所提供的网络学习、工作、社交、商务和娱乐等活动具有多样性，分别关照着媒介对青少年的社会雷达、管理、传授知识和娱乐的传播功能，偏倚任何一方面都会增加青少年网络成瘾的风险，应当调整青少年网络媒介使用结构，发挥网络媒介对青少年健康成长的正效应。

从研究结果看，青少年结构性网络成瘾问题更值得关注，即不同的网络媒介使用偏好容易产生不同程度、不同类型的网络成瘾问题。如青少年网络使用中的社交偏好和购物偏好对其身体健康存在溢出效应，但也反映了其网络使用偏好的不平衡，容易产生网络关系成瘾和网络交易行为成瘾的问题，表现为沉溺于网上聊天和网上贸易或者拍卖、购物。不同的网络使用偏好会产生不同的网络成瘾问题，如网络关系成瘾、网络色情成瘾、信息超载、游戏成瘾等（Armstrong，2001）。

第三节　相应启示

一　营造良好的网络自媒体社会交往环境，提高社会安全与信任水平

网络媒介提供了农村居民多样性生产和生活选择，有助于提高其知识面宽度和广度。优化乡村自媒体传播生态，构建网络综合治理体系，借助网络媒介能够模拟现实社会交往环境，从而优化乡村自媒体所营造的电子商务环境，促进留守儿童和乡村老人社会化发展和助力乡村振兴。这可以通过建立乡村、城镇村民互动网络社区，建构适合乡村居民自由交互的网络话语体系，减少乡村自媒体用户网络社交过程的交流沟通障碍，建立方便其理解的关系纽带，提高乡村自媒体空间人际信任水平，增加网络身份纽带和社会认同。换言之，网络治理要与乡村治理相结合，自媒体等网络新媒介不仅是乡村治理的新工具，还是建构乡村居民价值共识文化生活，引领乡村文化发展的新风尚。不仅要营造风清气正的网络环境，还要增加乡村居民网络使用的安全感、获得感和幸福感。在大力推行数字乡建的同时，兼顾数字服务设施建设和媒介素养教育服务，因地制宜、因材施教，在可亲、可信的网络环境中推动城乡文化融合，为实现城乡居民文化共同

富裕服务。

二　进一步加快发展农村网络媒介，完善农村网络可供性

移动互联网在农村的普及，为乡村网络新媒体发展提供了良好机遇。随着大众传播媒介的快速发展，移动互联网对社会生活的渗透力和影响力越来越强，网络新媒体内容已经成为人们日常资讯和内容获取的重要来源。网络文化安全关乎社会发展、经济增长、政治和意识形态安全，使用网络媒介能显著提高农村留守儿童和空巢老人的社会化水平并促进青少年身心健康，在此意义上，应积极应对移动互联技术在农村地区的普及，提高农村地区公共网络服务水平，以开放的姿态迎接网络媒介带来的机遇和挑战，尽量减小乃至消除数字鸿沟，从政策和技术层面完善农村网络治理，加速提高农村网络服务均等化水平，努力形成健康、有序、可持续化的农村网络媒介生态，防止媒介接近权滥用等不良现象发生。这就要求进一步降低网络消费成本，为农村低收入群体提供良好的上网条件，同时尽快实现城乡网络设施和服务均等化，扩大网络新媒介技术的可供性，将新基建建设推向农村地区的纵深方向。重要的是发挥网络媒介设施和服务供给的溢出效应，带动乡村社会文化和经济的有序增长，推动城乡共同富裕。

三　加强乡村居民网络新媒体教育培训服务，提高乡村居民媒介素养

首先，农村留守儿童社会化最大的瓶颈在于家庭功能的缺失和学校教育的乏力。乡村家庭中，父母外出打工补贴家用是全面建成小康社会决胜阶段的新常态。有效发挥网络新媒体的媒介功能，应当主动利用网络媒介所带来的学习功能和社交功能，通过教育提高留守儿童网络媒介素养，培养正确的媒介使用偏好，控制媒介使用时间和内容，杜绝出现"网瘾少年"。一方面，鼓励留守儿童使用网络新媒介和外出家长经常联系，弥补家庭功能的缺失；另一方面，指导留守儿童利用网络媒介上的学习资源，自主学习，弥补乡村学校教育的不足，争取实现"穷人家的孩子早当家"，

为全面建成小康社会，尽早实现乡村振兴和新型城镇化添加助力。

其次，乡村老人肩负着农活和辅助育儿双重责任，自身又面临着养老的问题，需要网络新媒体的生活和生产赋能。一方面，乡村老人的网络使用不断增加，对其思想、理念和生产生活方式产生前所未有的碰撞。乡村老人无法避免地面临着网络的普及，大多数人已经融入网络空间，他们也需要从网络空间接触现代化和寻找精神娱乐为老年生活赋能；另一方面，网络媒介，尤其是乡村自媒体为村民提供了内容丰富的生产经验和技术支持，乡村村民需要从网络空间接触并学习新鲜信息和知识，为乡村生产赋能。这就要鼓励乡村居民主动融入网络，积极使用网络的同时，还要增加网络平台、政府部门和社会第三方平台更多关注乡村网络振兴，更多地开展网络扶贫、更新网络设施等。

四　细致研究乡村自媒体受众特征，扩大网络媒介溢出效应

青少年和老年人的网络媒介使用本身不具有危害性，关键在于要培养其积极的网络媒介使用习惯和技能，减少并消除被动的网络使用习惯。积极的网络使用包括：分享生活经验，创造文本、音视频内容，频繁地与他人互动；被动的网络使用倾向于观察并和他人保持低参与度（Montague & Xu, 2012；Escobar-Viera 等, 2018）。从青少年网络媒介使用偏好来看，结构性问题急需解决：网络社交和网络购物对其身心健康的积极影响已经显露，而网络学习、工作及娱乐的积极效果并不明显，这就要求既要引导形塑青少年的网络使用习惯，又要优化提升相关网络内容和服务的质量。对于乡村留守儿童和老人而言，他们往往是精神上互相依赖的整体，儿童需要老人照顾和监护，老人需要小孩陪伴来获得精神寄托。乡村自媒体是他们共同消费的对象，但由于村民媒介素养低，又缺乏针对乡村受众而开发的功能性自媒体平台，缺乏针对乡村受众的媒介素养教育和培训等服务，从而造成乡村自媒体使用过程中的诸多危害。例如，抖音现行的未成年人"青少年模式"过于简单，其规定每天最多使用40分钟，晚上10点至次日6时无法使用抖音，关闭直播、充值、打赏等功能。从技术层面看，这种功能的实现是通过家长设置密码。实际上，很多家长反映只要有手机号或者身份证号，孩子很快就能破解密码。这种简单粗放的监管模

式，对引导未成年人正确使用网络没有好处，还应当在深入调研的基础上更加细致地开发新的功能，以发挥网络媒介在助力留守儿童成长、提高乡村老人幸福感，乃至促进乡村振兴中的积极作用。

参考文献

［奥］阿尔弗雷德·许茨：《社会实在问题》，霍桂桓、索昕译，华夏出版社 2001 年版。

［美］阿瑟·伯格：《媒介分析技巧》，李德刚等译，清华大学出版社 2011 年版。

安汝颍：《农村自媒体对"三农"发展的影响》，《青年记者》2019 年第 23 期。

［英］阿雷恩·鲍尔德温等：《文化研究导论》，陶东风等译，高等教育出版社 2004 年版。

常江、徐帅：《互联网文化对网络评论的影响》，《青年记者》2019 年第 9 期。

陈才力、祝小宁：《社区自组织系统动力探究》，《系统科学学报》2021 年第 4 期。

陈刚、王继周：《独立报道与解读的另一种可能：微信公众号账号"有槽"和"米糕新闻日记"访谈录》，《新闻记者》2016 年第 8 期。

陈浩然、管媛媛：《网络文化安全研究的主体范式及其超越》，《云南行政学院学报》2017 年第 6 期。

陈静、万芳：《农村自媒体内容研究》，《新媒体研究》2019 年第 11 期。

陈明辉、李明：《我国自媒体网络治理体系面临的问题及其完善》，《中共杭州市委党校学报》2018 年第 4 期。

陈鹏：《我国农村自媒体运营现状及发展策略》，《乡村科技》2020 年第 11 期。

陈曦、李钢：《网络文化演化的制度经济学诠释》，《商业研究》2013 年第 10 期。

程芙蓉：《民间艺术在现代社会语境下的经济价值分析》，《华东经济管理》2015 年第 4 期。

程名望、张家平：《互联网普及与城乡收入差距：理论与实证》，《中国农村经济》2019 年第 2 期。

程思琪、喻国明：《情感体验：一种促进媒体消费的新动力——试论过剩传播时代的新传播范式》，《编辑之友》2020 年第 5 期。

崔贺轩、张宁：《政治萌化：网络青年亚文化的新表征形式》，《山东青年政治学院学报》2021 年第 4 期。

[英] 戴维·莫利、凯文·罗宾斯：《认同的空间：全球媒介、电子世界景观与文化边界》，司艳译，南京大学出版社 2001 年版。

邓纯考：《农村留守儿童社会化困境与学校教育对策——对浙南 R 市的调查与实践》，《浙江社会科学》2012 年第 5 期。

丁柏铨：《论自媒体时代的新闻舆论引导艺术》，《新闻爱好者》2017 年第 6 期。

丁未、张国良：《网络传播中的"知沟"现象研究》，《现代传播》2001 年第 6 期。

杜靓：《从工具理性到交往理性——评哈贝马斯的交往行动理论》，《哈尔滨学院学报》2021 年第 5 期。

[美] 杜赞奇：《文化、权力与国家：1900—1942 年的华北农村》，王福明译，凤凰出版传媒集团、江苏人民出版社 2020 年版。

段永杰：《网络民族志：如何探究在线社群的意义生产与文化构建》，《青海民族研究》2019 年第 1 期。

范叶超、[荷] 赫特·斯巴哈伦：《实践与流动：可持续消费研究的社会理论转向》，《学习与探索》2017 年第 8 期。

方惠、刘海龙：《2017 年中国的传播学研究》，《国际新闻界》2018 年第 1 期。

[德] 斐迪南·滕尼斯：《共同体与社会》，张巍卓译，商务印书馆 2019 年版。

风笑天：《独生子女青少年的社会化过程及其结果》，《中国社会科学》2000 年第 6 期。

郭建斌、张薇：《"民族志"与"网络民族志"：变与不变》，《南京社会科学》2017 年第 5 期。

郭萌萌、王炎龙：《"转文化"：中国文化对外传播范式转换的逻辑与方向》，《现代出版》2019 年第 6 期。

郭羽：《线上自我展示与社会资本：基于社会认知理论的社交媒体使用行为研究》，《新闻大学》2016 年第 4 期。

[德]哈贝马斯：《公共领域的结构转型》，曹卫东等译，上海学林出版社 1999 年版。

[德]哈贝马斯：《哈贝马斯精粹》，曹卫东选译，南京大学出版社 2004 年版。

韩少卿：《农村自媒体发展的机遇与问题研究——以山东"自媒体村"为例》，《传媒论坛》2018 年第 12 期。

[荷]何塞·范·迪克：《连接：社交媒体批评史》，晏青、陈光凤译，中国人民大学出版社 2021 年版。

贺雪峰：《城乡关系视野下的乡村振兴》，《中南民族大学学报》（人文社会科学版）2020 年第 7 期。

贺雪峰：《中国区域差异中的文化核心区与边缘区》，《陕西师范大学学报》（哲学社会科学版）2020 年第 11 期。

[美]塞缪尔·亨廷顿、劳伦斯·哈里森：《文化的重要作用：价值观如何影响人类进步》，程克雄译，新华出版社 2010 年版。

胡春阳：《经由社交媒体的人际传播研究述评——以 EBSCO 传播学全文数据库相关文献为样本》，《新闻与传播研究》2015 年第 11 期。

胡惠林：《国家文化安全学》，清华大学出版社 2016 年版。

胡惠林、胡霁荣：《国家文化安全治理》，上海人民出版社 2019 年版。

胡健生、黄志雄：《打击网络犯罪国际法机制的困境与前景——以欧洲委员会〈网络犯罪公约〉为视角》，《国际法研究》2016 年第 6 期。

胡新宇：《从媒体理论到文化技术研究》，《社会科学文摘》2021 年第 3 期。

胡咏梅、唐一鹏：《公共政策或项目的因果效应评估方法及其应用》，《华中师范大学学报》（人文社会科学版）2018 年第 5 期。

胡正荣、姬德强：《网络文化安全：概念、规范与趋势》，《汕头大学学报》（人文社会科学版）2017 年第 5 期。

虎佳琦、伍玉林、许茵：《基于自组织理论高校网络文化建设问题研究》，《思想政治教育研究》2016 年第 1 期。

黄斌、方超、汪栋：《教育研究中的因果关系推断——相关方法原理与实例应用》，《华东师范大学学报》（教育科学版）2017 年第 4 期。

黄隽：《第三次分配与文化艺术》，《金融时报》2021 年 9 月 17 日。

黄明波、沈文锋：《网络文化生态平衡与网络传播伦理规范》，《文化与传播》2014年第6期。

黄宗智：《中国的"公共领域"与"市民社会"？——国家与社会间的第三领域》，转引自邓正来、［英］J. 亚历山大《国家与市民社会：一种社会理论的研究路径》，中央编译出版社1999年版。

江陵：《论网络文化安全治理的权力与权利基础》，《浙江传媒学院学报》2015年第1期。

姜明：《提升乡村价值，构建乡村振兴媒体推动力——以〈四川农村日报〉为例》，《新闻界》2018年第12期。

［澳］杰夫·刘易斯：《文化研究基础理论》，郭镇之、任丛、秦洁、郑宇虹译，清华大学出版社2013年版。

解学芳：《网络文化产业公共治理全球化语境下的我国网络文化安全研究》，《毛泽东邓小平理论研究》2013年第7期。

金碚：《经济学域观范式的若干基本原理研究》，《中央民族大学学报》（哲学社会科学版）2021年第3期。

康亚通：《青少年网络沉迷研究综述》，《中国青年社会科学》2019年第6期。

［美］克莱德·M. 伍兹：《文化变迁》，何瑞福译，河北人民出版社1989年版。

［美］肯尼斯·J. 洛根、玛丽·洛根：《社会建构：进入对话》，张学而译，上海教育出版社2019年版。

孔德斌、刘祖云：《社区与村民：一种理解乡村治理的新框架》，《农业经济问题》2013年第3期。

孔明安、谭勇：《交往的主体与生成的主体——哈贝马斯与齐泽克的主体间性思想比较研究》，《安徽师范大学学报》（人文社会科学版）2020年第5期。

［美］兰斯·斯特拉特：《麦克卢汉与媒介生态学》，胡菊兰译，河南大学出版社2016年版。

［美］雷蒙·威廉斯：《关键词：文化与社会的词汇》，刘建基译，生活·读书·新知三联书店2005年版。

雷霞：《民间与官方的博弈："非遗"文化中的仪式传播——基于西和乞巧节个案》，《新闻与传播研究》2018年第6期。

雷小华：《深化网络人文交流　筑牢命运共同体根基》，《广西日报》2018年1月30日第9版。

李冠源：《自媒体助力乡村经济振兴研究》，《当代农村财经》2021年第4期。

李剑桥：《H5新闻下的隔空赋权和身份想象》，《青年记者》2020年第8期。

李静：《城市化进程与乡村叙事的文化互动》，中国社会科学出版社2015年版。

李良荣、袁鸣徽：《中国新闻传媒业的新生态、新业态》，《新闻大学》2017年第3期。

李清华：《格尔茨与科学文化现象学》，《中央民族大学学报》（哲学社会科学版）2012年第5期。

李实、詹鹏：《为低收入群体创造更多发展机会》，《中国社会科学报》2021年11月10日。

李艳红、刘晓旋：《诠释幸福：留守儿童的电视观看——以广东揭阳桂东乡留守儿童为例》，《新闻与传播研究》2011年第1期。

厉以宁：《文化经济学》，商务印书馆2018年版。

［英］利萨·泰勒、安德鲁·威利斯：《媒介研究：文本、机构与受众》，吴靖、黄佩译，北京大学出版社2005年版。

梁爽：《从"刺激—反馈"到"情感交流"——移动应用人机交互的模式演变与发展历程》，《青年记者》2021年第4期。

廖圣卿：《西方媒介效果研究的新进展——以对1990年代五本大众传播国家核心期刊的内容分析为主要依据》，《新闻大学》2008年第4期。

廖祥忠：《何为新媒体？》，《现代传播（中国传媒大学学报）》2008年第5期。

廖祥忠：《总体国家安全观视阈下网络文化安全的内涵特征、治理现状与建设思考》，《现代传播（中国传媒大学学报）》2021年第6期。

刘慧瀛：《网络集体狂欢现象下的网民心理动力》，《新闻爱好者》2011年第6期。

刘娜、常宁：《影像再现与意义建构：城市空间的影视想象》，《现代传播（中国传媒大学学报）》2018年第8期。

刘普：《政治安全：网络时代的挑战与对策》，博士学位论文，中国社会科学院研究生院，2012年。

龙叶先：《文化进化机理的系统哲学分析》，《贵阳学院学报》（社会科学版）2017年第6期。

鲁可、王鑫：《短视频平台治理的公共性目标分析》，《新闻研究导刊》2021年第8期。

鲁绍臣、王雨田：《大数据时代交往理性的可能性探究》，《宁夏社会科学》2021年第3期。

陆扬、王毅：《大众文化研究》，上海三联书店2001年版。

吕萌：《媒介对农村留守儿童社会化的影响——以安徽省枞阳县为例》，硕士学位论文，安徽大学，2017年。

罗必良、洪炜杰、耿鹏鹏、郑沃林：《赋权、强能、包容：在相对贫困治理中增进农民幸福感》，《管理世界》2021年第10期。

罗伯特·V.库兹奈特：《如何研究网络人群和社区：网络民族志方法实践指导》，叶韦明译，重庆大学出版社2016年版。

［加］罗伯特·K.洛根：《什么是信息：生物域、符号域、技术域和经济域里的组织繁衍》，何道宽译，中国大百科全书出版社2019年版。

［英］马丁·阿尔布劳：《中国在人类命运共同体中的角色：走向全球领导力理论》，严忠志译，商务印书馆2020年版。

［法］马克·布洛赫：《法国农村史》，余中先、张朋浩、车耳译，商务印书馆1997年版。

［英］马修·福勒：《媒介生态学：艺术与技术文化中的物质能量》，麦颠译，上海社会科学院出版社2018年版。

苗青：《从转移价值到放大价值：论慈善事业在第三次分配浪潮中的增长路径》，《中国非营利评论》2021年第2期。

［美］尼尔·波兹曼：《娱乐至死》，章艳译，广西师范大学出版社2011年版。

［英］尼克·库尔德里：《媒介仪式　一种批判的视角》，崔玺译，中国人民大学出版社2016年版。

聂书江、周紫荆：《百年变局背景下对外传播人文共同体的路径选择》，《对外传播》2021年第2期。

宁海林：《"中华优秀传统文化＋短视频"整合传播研究》，《现代传播（中国传媒大学学报）》2018年第6期。

潘一禾：《文化安全》，浙江大学出版社 2007 年版。

乔尔·莫基尔：《增长的文化：现代经济的起源》，胡思捷译，中国人民大学出版社 2020 年版。

秦朝森：《网络民族志的研究——以山东乡村的基督教传播实践为例》，《新闻大学》2017 年第 4 期。

曲慧、喻国明：《超级个体与利基时空：一个媒介消费研究的新视角》，《新闻与传播研究》2017 年第 12 期。

戎青：《论电视在留守儿童成长中的角色》，硕士学位论文，南京大学，2013 年。

沙垚：《乡村文化传播》，《新闻与传播研究》2015 年第 12 期。

单单：《网络亚文化的发展与引导》，《青年记者》2021 年第 4 期。

单美贤、蔡滢赟、谢皓薇：《网络文化安全治理的国际经验探析》，《南京邮电大学学报》（社会科学版）2017 年第 1 期。

邵培仁：《传播生态规律与媒介生存策略》，《新闻界》2001 年第 5 期。

邵培仁：《媒介理论前沿》，浙江大学出版社 2009 年版。

邵志择：《传播生态与新闻范式——评大卫·阿什德的〈传播生态学〉》，《新闻记者》2003 年第 12 期。

师文、陈昌凤：《驯化、人机传播与算法善用：2019 年智能媒体研究》，《新闻界》2020 年第 1 期。

史安斌：《从"跨文化传播"到"转文化传播"》，《国际传播》2018 年第 5 期。

［美］斯蒂芬·李特约翰：《人类传播理论》，史安斌译，清华大学出版社 2009 年版。

［澳］斯科特·麦夸尔：《地理媒介：网络化城市与公共空间的未来》，潘霁译，复旦大学出版社 2019 年版。

宋红岩、汪向红：《近十年国内外网络文化安全研究的评述与展望》，《中州学刊》2016 年第 6 期。

隋岩：《群体传播时代：信息生产方式的变革与影响》，《中国社会科学》2018 年第 11 期。

孙卫华：《社会转型与农村、农民的影像再现——以 20 世纪 80 年代的农村题材电影为例》，《天津师范大学学报》（社会科学版）2016 年第 1 期。

谭华：《乡村传播网络与共同体重建：少数民族乡村文化发展的传播社会

学分析》，中国社会科学出版社 2018 年版。

万宝瑞：《我国农村又将面临一次重大变革——"互联网+三农"调研与思考》，《农业经济问题》2015 年第 8 期。

王长潇、孙玉珠：《技术与文化的张力：创意短视频跨文化共情传播》，《当代传播》2021 年第 1 期。

王栋：《浅谈农村网络自媒体激增对乡村文化的影响》，《各界导报》2021 年 3 月 25 日第 3 版。

王立宏：《演化经济学技术——制度二分法的理论演进》，《山东社会科学》2011 年第 1 期。

王璐：《浅议新时代背景下的网络文化》，《科技信息》2014 年第 3 期。

王倩、孙俊青：《传媒视阈下社会焦虑的形成与疏导》，《北京联合大学学报》（人文社会科学版）2020 年第 1 期。

王秋香：《家庭功能弱化与农村"留守儿童"社会化》，《文史博览》2006 年第 14 期。

王水珍、刘成斌：《流动与留守——从社会化看农民工子女的教育选择》，《青年研究》2007 年第 1 期。

王雪梅：《"文化下乡"与"乡下文化"：民族社区文化冲突的个案分析——以宁夏 H 村的文化下乡实践为例》，《民族艺林》2013 年第 3 期。

王一岚：《近五年来我国自媒体研究概况》，《新闻爱好者》2018 年第 3 期。

王一岚：《县域自媒体崛起的媒介逻辑分析——基于河南省 15 个县域自媒体微信公众号的研究》，《新闻大学》2019 年第 11 期。

王永贵、汪琳琳：《"数字化赋能"助力解决发展不平衡不充分问题》，《光明日报》2021 年 8 月 17 日。

王玉亮：《英国中世纪晚期乡村共同体研究》，人民出版社 2011 年版。

王圆圆：《家庭功能的弱化对留守儿童社会化的影响的研究》，硕士学位论文，苏州大学，2009 年。

王源：《论新媒介传播生态的基本特征与现实悖论》，《学习与探索》2020 年第 12 期。

威尔伯·施拉姆、威廉·波特：《传播学概论》，何道宽译，中国人民大学出版社 2010 年版。

魏武挥：《自媒体：对媒介生态的冲击》，《新闻记者》2013 年第 8 期。

魏小津：《自媒体健康传播中的问题及改进策略》，《青年记者》2019 年第

23 期。

温忠麟、侯杰泰、张雷：《调节效应与中介效应的比较和应用》，《心理学报》2005 年第 37 期。

温忠麟、刘红云、侯杰泰：《调节效应和中介效应分析》，教育科学出版社 2012 年版。

温忠麟、叶宝娟：《中介效应分析：方法和模型发展》，《心理科学进展》2014 年第 5 期。

文春英、薛傲宇：《试论人文共同体建构的城市传播路径》，《对外传播》2021 年第 2 期。

邬定国：《农村"留守儿童"社会化问题研究》，硕士学位论文，湖南师范大学，2006 年。

吴飞：《火塘·教堂·电视——一个少数民族社区的社会传播网络研究》，光明日报出版社 2008 年版。

吴文学、祁金利：《自主知识创新是中国经济未来增长的主要动力》，《中国特色社会主义研究》2014 年第 3 期。

吴志文、张茧：《传播生态与新闻范式》，《韶关学院学报》（社会科学）2006 年第 4 期。

习近平：《用好红色资源　赓续红色血脉　努力创造无愧于历史和人民的新业绩》，《求是》2021 年第 19 期。

夏金梅、孔祥利：《1921—2021 年：我国农业劳动力城乡流动的嬗变、导向与双向互动》，《经济问题》2021 年第 6 期。

萧俊明：《文化选择论与摹媒论——道金斯的摹媒和复制因子概念探析》，《国外社会科学》2009 年第 5 期。

肖珺：《跨文化虚拟共同体：连接、信任与认同》，社会科学文献出版社 2016 年版。

徐龙福、邓永发：《社会信息化发展的网络文化安全》，《江汉论坛》2010 年第 11 期。

徐前进：《流动的丰盈：一个小区的日常景观》，上海书店出版社 2021 年版。

徐少华：《网络文化管理的要素分析与运行机制》，《湖南大学学报》（社会科学版）2021 年第 3 期。

薛可、余来辉、余明阳：《人际信任的代际差异：基于媒介效果视角》，《新闻与传播研究》2018 年第 6 期。

参考文献

杨春荣:《网络恶搞：青少年集体狂欢的新主题》,《当代青年研究》2007年第3期。

杨靖:《电视：西北地区农村留守儿童重度依赖的"精神抚育者"》,《兰州学刊》2014年第10期。

杨靖娇:《自媒体对传播生态的影响》,硕士学位论文,云南大学,2014年。

杨磊、戴优升:《家庭社会资本、学校环境会影响青少年心理健康吗？——基于CEPS数据的实证分析》,《中国青年研究》2019年第1期。

杨立雄:《赛博人类学：关于学科的争论、研究方法和研究内容》,《自然辩证法研究》2003年第4期。

杨岭、毕宪顺:《乡村文化变迁视野下的农村留守儿童教育》,《当代青年研究》2017年第3期。

杨溟:《潘多拉的冲动——关于自媒体生态、趋势和人工智能的隐忧》,《青年记者》2018年第18期。

么晓颖:《金融减贫：作用机制、制度安排、难点与启示》,《农银学刊》2019年第1期。

姚伟钧、彭桂芳:《构建网络文化安全的理论思考》,《华中师范大学学报》(人文社会科学版)2010年第3期。

姚远、张顺:《家庭地位、人际网络与青少年的心理健康》,《青年研究》2016年第5期。

叶林、杨宇泽:《深入推进以人为核心的新型城镇化》,《中国社会科学报》2021年4月29日第1版。

俞胜杰、林燕萍:《〈通用数据保护条例〉域外效力的规制逻辑、实践反思与立法启示》,《重庆社会科学》2020年第6期。

喻国明、梁爽:《移动互联时代：场景的凸显及其价值分析》,《当代传播》2017年第1期。

[美]约翰·费斯克:《关键概念：传播与文化研究辞典》,李彬译,新华出版社2003年版。

[美]约翰·R.霍尔、玛丽·乔·尼兹:《文化：社会学的视野》,周晓虹、徐彬译,商务印书馆2002年版。

[英]约翰·斯道雷:《文化理论与大众文化导论》,常江译,北京大学出版社2019年版。

岳经纶、范昕:《中国儿童照顾政策体系：回顾、反思与重构》,《中国社会科学》2018年第9期。

岳璐：《后现代认知转向：梅洛·庞蒂文化现象学的构建策略》，《南京师范大学文学院学报》2015年第12期。

岳天明、原明明：《农村留守儿童社会化及其对策研究——以家庭功能的弱化为基本视角》，《西北人口》2008年第2期。

曾伟：《社交媒体平台狂欢化现象浅析——以"〈舌尖上的中国3〉差评事件"为例》，《电视指南》2018年第6期。

曾一果、毛佳佳：《数字技术驱动下媒介文化的裂变与重构——2020年我国媒介文化研究状况扫描》，《中国图书评论》2021年第4期。

张领：《流动的共同体：新生代农民工、村庄发展与变迁》，中国社会科学出版社2016年版。

张培刚：《农业与工业化》，中国人民大学出版社2014年版。

张蕊：《交互涵化效应下土味短视频对城镇化留守儿童的影响》，《现代传播（中国传媒大学学报）》2019年第5期。

张苏秋：《艺术参与对个体主观幸福感的影响研究——基于中国综合社会调查（CGSS 2015）的经验证据》，《暨南学报》（哲学社会科学版）2020年第6期。

张小屏、刘发勇、田骥：《民族地区农村留守儿童与非留守儿童社会化状况比较研究》，《人口与社会》2018年第2期。

张兴奇、顾晓艳：《耗散结构理论视阈下少数民族传统体育文化的进化理路》，《南京体育学院学报》（社会科学版）2012年第5期。

张轶楠、陈锐：《留守儿童媒体使用情况调查》，《现代传播（中国传媒大学学报）》2007年第5期。

张永丽、徐腊梅：《互联网使用对西部贫困地区农户家庭生活消费的影响——基于甘肃省1735个农户的调查》，《中国农村经济》2019年第2期。

张铮：《文化产业数字化战略的内涵与关键》，《人民论坛》2021年第26期。

张志旻、赵世奎、任之光、杜全生、韩智勇、周延泽、高瑞平：《共同体的界定、内涵及其生成——共同体研究综述》，《科学系与科学技术管理》2010年第10期。

赵可云、崔晓鸾、杨鑫、黄雪娇、陈奕桦：《大众媒介对农村留守儿童学习社会化影响的实证研究》，《现代远距离教育》2018年第3期。

赵亮：《网络文化与人的主体性发展》，《中国特色社会主义研究》2019 年第 2 期。

赵晓荣：《主体间际分享："他群""我群"互动的田野》，《广西民族大学学报》（哲学社会科学版）2013 年第 5 期。

周净泓：《构建安全平衡发展的网络综合治理体系》，《青年记者》2021 年第 4 期。

周莉、罗月丰：《离异家庭影响青少年心理健康的因素与建议》，《中国青年研究》2006 年第 10 期。

周庆山、骆杨：《网络媒介生态的跨文化冲突与伦理规范》，《现代传播（中国传媒大学学报）》2010 年第 3 期。

周琼：《网络社群自组织传播的分享特性对社会资本的影响》，《现代传播（中国传媒大学学报）》2019 年第 9 期。

周晓虹：《自媒体时代：从传播到互播的转变》，《新闻界》2011 年第 4 期。

周勇、倪乐融、李潇潇：《"沉浸式新闻"传播效果的实证研究——基于信息认知、情感感知与态度意向的实验》，《现代传播（中国传媒大学学报）》2018 年第 5 期。

朱丹、刘永伟：《人类命运共同体下网络空间法治体系与中国方案》，《长江师范学院学报》2021 年第 1 期。

朱利安·史徒华：《文化变迁的理论》，张恭启译，台北：远流出版事业股份有限公司 1989 年版。

祝志勇、刘畅畅：《数字基础设施对城乡收入差距的影响及其门槛效应》，《华南农业大学学报》（社会科学版）2022 年第 5 期。

总体国家安全观干部读本编委会：《总体国家安全观干部读本》，人民出版社 2016 年版。

Aaker, J., Rudd, M., & Mogilner, C., "If money does not make you happy, consider time", *Journal of Consumer Psychology*, Vol. 21, No. 2, 2011.

Altheide, D., "An Ecology of Communication: Toward a Mapping of the Effective Environment", *The Sociological Quarterly*, Vol. 35, No. 4, 1994.

Armstrong, L., "How to beat addiction to cyberspace", *Vibrant Life*, Vol. 17, No. 4, 2001.

Ashforth, B. E. & Mael, F., "Social identity theory and the organization", *A-*

cademy of Management Review, Vol. 14, No. 1, 1989.

Beeton, S., "Introduction: the advance of film tourism", Tourism and Hospitality Planning and Development, Vol. 7, No. 1, 2010.

Bowlby, J., "Attachment and loss: Retrospect and prospect. American", Journal of Orthopsychiatry, Vol. 52, No. 4, 1982.

Bowman S, Willis C., "We media: How audiences are shaping the future of news and information", The Media Center, 2003.

Brown, R., "Social identity theory: Past achievements, current problems and future challenges", European Journal of Social Psychology, Vol. 30, No. 6, 2000.

Bryson, A., & MacKerron, G., "Are you happy while you work?", The Economic Journal, Vol. 127, No. 599, 2017.

Clifford Geertz., "Time, and Conduct in Bali: A Essay in Cultural Analysis", Cultural Report Series, No. 14, 1966.

Coleman, J. "Social Capital in the Creation of Human Capital", American Journal of Sociology, Vol. 94, No. 1, 1988.

Do, H. N., Onyango, B., Prakash, R., et al., "Susceptibility and perceptions of excessive internet use impact on health among Vietnamese youths", Addict Behav, Vol. 101, No. 2, 2020.

Edward Tylor, Primitive Culture, New York: Harper & Row, 1958.

Escobar-Viera, C. G., Shensa, A., Bowman, N. D., Sidani, J. E., Knight, J., James, A. E., & Primack, B. A., "Passive and active social media use and depressive symptoms among United States adults", Cyberpsychology, Behavior, and Social Networking, Vol. 21, No. 7, 2018.

Giddens, A., Sociology, Cambridge: Polity, 1989.

Gillmor, D., We the media: Grassroots journalism by the people, for the people, Sebastopol: O'Reilly Media, 2006.

Gillmor, D., We the media: The rise of citizen journalists, Sebastopol: O'Reilly Media, 2004.

Gilovich, T., Kumar, A., & Jampol, L., "A wonderful life: Experiential consumption and the pursuit of happiness", Journal of Consumer Psychology, Vol. 25, No. 1, 2015.

Grossi, E., Blessi, G., Sacco, P. L., & Buscema, M., "The interaction between culture, health and psychological well-being: data mining from the Italian culture and well-being project", *Journal of Happiness Studies*, Vol. 13, No. 1, 2012.

Hahm, J., & Wang, Y., "Film-induced tourism as a vehicle for destination marketing: is it worth the efforts?", *Journal of Travel & Tourism Marketing*, Vol. 28, No. 2, 2011.

Hayles, K., *How We Became Posthuman*, Chicago: University of Chicago Press, 1999.

Hirsch, P., "Processing Fads and Fashions: An Organization-set Analysis of Cultural Industry Systems", *American Journal of Sociology*, Vol. 77, No. 4, 1972.

Horrigan, J., Boase, J., Rainie, L., & Wellman, B., "The strength of internet ties", *Pew Internet & American Life Project report*, No. 10, 2007.

Hudson, S., Wang, Y., & Gil, S. M., "The influence of a film on destination image and the desire to travel: a cross-cultural comparison", *International Journal of Tourism Research*, No. 13, 2010.

Jiang, H., and Carroll, J. M., *Social capital, social network and identity bonds: a reconceptualization*, Proceedings of the fourth international conference on Communities and technologies, ACM, 2009.

Jun, S., Xiong, L., Morrison, A. M., & Bihu, W., "Social media micro-film marketing by Chinese destinations: The case of Shaoxing", *Tourism Management*, No. 54, 2016.

Kauffman, S., *At Home in the Universe*, Oxford: Oxford University Press, 1995.

Linyu Qi, "Study on the Interactive communication of We Media from the Perspective of Psychoanalysis", Asia-Pacific Management and Engineering Conference, 2016.

Macdonald, Dwight, *A theory of mass culture, in Cultural Theory and Popular Culture: A Reader*, 2nd edn, edited by John Storey, Harlow: Prentice Hall, 1995.

MacKinnon, D. P. and Fairchild, A. J., "Current directions in mediation analysis", *Current Directions in Psychological Science*, No. 18, 2009.

MacKinnon, D. P., Krull, J. L., & Lockwood, C. M., "Equivalence of the mediation, confounding, and suppression effect", *Prevention Science*, 2000.

Marshall, S. J., Biddle, S. J. H., Gorely, T., Cameron, N., and Murdey, I., "Relationships between media use, body fatness and physical activity in children and youth: A meta-analysis", *International Journal of Obesity*, No. 28, 2004.

Martin-Barbero, J., "Communication from culture: the crisis of the nations and the emergence of the popular", *Media Culture and Society*, No. 10, 1988.

Marwick, A. E., &Boyd, D., "I tweet honestly, I tweet passionately: Twitter users, context collapse, and the imagined audience", *New Media & Society*, Vol. 13, No. 1, 2011.

M Castells., "Crisis, Planning, and the Quality of Life: Managing the New Historical Relationships between Space and Society", *Environment and Planning D: Society and Space*, Vol. 1, No. 1, 1983.

Montague, E., Xu, J., "Understanding active and passive users: theeffects of an active user using normal, hard and unre-liable technologies on user assessment of trust in technol-ogy and co-user", *Applied Ergonomics*, No. 43, 2012.

Mouffe, C., "Art and democracy: art as an agonistic intervention in public space", at www.onlineopen.org/download.php?id=226.

Nancy, J-L., *The Inoperative Community*, trans. P. O'Connor, L. Garbus, M. Holland and S. Sawhney, Minneapolis: University of Minnesota Press, 1991.

Powdthavee, N., "Would you like to know what makes people happy? An overview of the datasets on subjective well-being", *Australian Economic Review*, Vol. 48, No. 3, 2015.

Putnam Robert, "Social Capital. Measurement and Consequences", *ISUMA-Canadian Journal of Policy Research*, Spring 2001.

RebecaRaijman & Moshe Semyonov, "Modes of Labor Market Incorporation and Occupational Cost among New Immigrants to Israel", *International Migration Review*, Vol. 29, No. 2, 1995.

Ren, Y., Kraut, R. & Kiesler, S., "Applying common identity and bond theory to design of online communities", *Organization Studies*, Vol. 28, No. 3, 2007.

Richard Rhoda, "Rural Development and Urban Migrants: Can We Keep Them Down on Farm", *International Migrants Review*, Vol. 17, No. 1, 1983.

Scannell, P., "Public service broadcasting and modern public life", *Media Culture and Society*, Vol. 11, No. 2, 1988.

Shils Edward, "'Mass society and its culture', in Literaty Taste", *Culture, and Mass Communication*, Vol. 1, 1978.

Smith, N., *American Empire. Roosevelt's Geographer and the Prelude to Globalisation*. Berkeley: University of Galifornia Press, 2003.

Stets, J. E., & Burke, P. J., "Identity theory and social identity theory", *Social Psychology Quarterly*, 2000.

Taneja, H., Webster, J. G., Malthouse, E. C., & Ksiazek, T. B., "Media consumption across platforms: Identifying user-defined repertoires", *New Media & Society*, Vol. 14, No. 6, 2012.

Tichenor, P. J., Donohue, G. A., Olien, C. N., "Mass media flow and differential growth in knowledge", *Public Opinion Quarterly*, Vol. 34, No. 2, 1970.

Trepte, S., "Social identity theory. Psychology of entertainment", 2006.

Van Boven, L., "Experientialism, materialism and the pursuit of happiness", *Review of General Psychology*, Vol. 9, No. 2, 2005.

Weijers, D., Jarden, A., "The science of happiness for policymakers: An overview", *Journal of Cultural Economics*, Vol. 4, No. 2, 2013.

Wiener, D. N., "Time, communication, and the nervous system", *Annals of the New York Academy of Sciences*, Vol. 50, No. 1, 1948.

Ye, D., Ng, Y. K., Lian, Y., "Culture and happiness", *Social Indicators Research*, Vol. 123, No. 2, 2015.

Young, K. S., "Internet addiction: The emergence of a new clinical disorder", *Cyberpsychology & Behavior*, Vol. 1, No. 3, 2009.

索 引

C

城乡文化融合　92，98，100，104，107，108，128
城乡一体化　99—101，103，105，107
传播生态　2，3，6，7，10，15，30，33，48，52，77，88，109—113，115，117—120，122，125，128

D

多元融合　23
多元演化　22，23，122

G

共同富裕　100—102，104—108，129
共同体　14，18，26，88，93—96，98—100，109，110，117，118，120

H

话语　17，20，94，98，117—119，128
环境保护　80，86，124

J

机器识别　113
集体狂欢　25，26，113，117，122
技术　1—6，9，10，13，14，16—18，21—25，28—35，44，51，57，79，82，84，88—91，94—104，107，108，111—114，117，119—123，127，129，130
技术迭代　17，18
交互反馈　20，21，122
经济增长　68，80，84，85，105，124，129

K

可供性　96，99，107，108，123，129
跨文化传播　32，98，100，102，118

L

链接关系　92，94
留守儿童　10，54—67，74，75，77—79，91，108，123—126，128—131

N

内容生态　28，35，51，122

Q

去中心化　19，23，26，98

S

社会化　54—67，74，75，91，108，111，

113，123—129

社会信任　66，70—72，124，125

数字下乡　101，107，108，117

W

网络传播　21，26，31，55，83，90，98，100，114—116，122，127

网络空间　5，12—14，16—28，31，32，52，78，80，84—86，88—94，96—102，104，105，107，109，112—120，122，125，126，130

网络媒介　4，6，9，10，12，15—19，21，22，24，52，55，57—77，79，81，84，89—101，104，106—109，114—116，119，120，123—131

网络文化　4—8，10—20，22—26，28，31，32，54，55，80，84，85，88，90，91，93，96—99，101，102，104—108，110，111，113—120，122，124，125

网络文化安全　4—7，10，13，14，55，80，81，87—91，109，113，114，117，120，124，125，129

网络治理　55，78，90，108—113，116，120，128，129

文化调节　102—104，106

文化再生产　96—99，101，104

X

乡村老人　54，67—74，77，79，91，108，124，125，128，130，131

乡村振兴　1，6，39—41，55，56，80，105，106，124，126，128，130，131

乡村治理　1，3，6，85，107，109，111，113，124，128

乡村自媒体　1—4，6—10，12，14，15，20—23，25，26，28—33，35—41，43—55，68—74，77，80，82—92，96，99，100，105，109—126，128，130

消费　5，10，12—14，24，25，48—50，68，74，76—78，80，82，85，86，92，96—98，104，106，119，122，124，125，129，130

Y

意见领袖　3，29，30，41，114—116，118

娱乐　26，30，46，50，56—58，60，65，75，76，79，80，82，89，92，123，124，126—128，130

语境　6，7，9，12，15，16，18，32，57，97，98，120

Z

在地性　94，96，104

知识建构　90，117

中介效应　66，67，69，70，72，73

主观幸福感　54，67，69—74，91，108，124

转文化性　25，113，116，122

自媒体　1—6，8—11，18—23，28—39，41，47—53，57，68，70，76—81，83—87，91，92，105，109—112，115，116，123，125，128，130

自我认同　21，25，27，58，125

自组织　18—21，25，26，111，113，119，120

总体国家安全观　6，87，88，109，110

鸣　谢

　　2020—2021年，历时两年，终于完成了这部同名博士后出站报告并顺利出站，后又经过一年多的修改和补充才付梓成稿，并有幸入选全国第十一批《中国社会科学博士后文库》，得以顺利出版，终算告一段落。感谢中国社会科学院和全国博士后管理委员会的大力支持。感谢我的博士后合作导师，中国传媒大学党委书记廖祥忠教授对我系列研究和选题的指导，和他的谈话总能点亮心灯，令我豁然开朗。还要感谢我的博士生导师，南京大学顾江教授一如既往、毫无保留的帮助与支持。感谢中国社会科学院武舜臣博士在一起乡村调研时的肝胆相照以及中国社会科学出版社文学室王越编辑在出版过程中的细心校对。感谢中国传媒大学李怀亮教授、张艳秋教授、姬德强教授、北京日报社《新闻与写作》李蕾主任在博士后出站答辩中专业且中肯的修改建议，以及中国传媒大学王晓丽、肖怀宇、王德平、李宸屹、曹坤、胡洪春、张蔚、李磊磊、王四新、文春英、刘丰海、葛艳玲、孙玉红、李喆、梁凯瑞、钟婉初，和调研中诸多匿名父老乡亲的帮助。此外，关注这样一个选题，除了内心深处对脚下这片土地的深刻感情，江苏省社科名家、南京农业大学顾焕章教授的学术经历和宝贵经验也给了我很大的激励和启发，在此一并感谢。

　　最要感谢的是在背后默默支持我的妻子，她在我的研究过程中不仅完成了自己的博士学业，还要独自抚养孩子，扛下了巨大的生活压力。谨以此书献给我亲爱的家人。

第十一批《中国社会科学博士后文库》专家推荐表 1

《中国社会科学博士后文库》由中国社会科学院与全国博士后管理委员会共同设立，旨在集中推出选题立意高、成果质量高、真正反映当前我国哲学社会科学领域博士后研究最高学术水准的创新成果，充分发挥哲学社会科学优秀博士后科研成果和优秀博士后人才的引领示范作用，让《文库》著作真正成为时代的符号、学术的示范。

推荐专家姓名	王廷信	电话	
专业技术职务	教授	研究专长	文化和艺术传播
工作单位	中国传媒大学艺术研究院	行政职务	常务副院长
推荐成果名称	中国乡村自媒体传播生态研究——基于网络文化安全治理视角		
成果作者姓名	张苏秋		

（对书稿的学术创新、理论价值、现实意义、政治理论倾向及是否具有出版价值等方面做出全面评价，并指出其不足之处）

乡村自媒体是近几年才出现的新课题，其广泛的应用在为受众体提供丰富的文娱消费、传播乡村文化的同时，还隐藏着难以捕捉的网络文化安全问题。作者清晰地看到了这一点，具有敏锐的问题意识，研究的现实意义显著，研究方法具有一定创新性，基本功扎实。从网络文化安全治理视角出发，探索乡村自媒体传播生态优化路径的同时，关照总体国家安全观和网络意识形态与价值观建构问题，对网络空间和社会治理均有显著意义。总体来说，是一本具有较高出版价值的学术专著，值得推荐。

签字：王廷信

2022 年 3 月 20 日

说明：该推荐表须由具有正高级专业技术职务的同行专家填写，并由推荐人亲自签字，一旦推荐，须承担个人信誉责任。如推荐书稿入选《文库》，推荐专家姓名及推荐意见将印入著作。

第十一批《中国社会科学博士后文库》专家推荐表 2

《中国社会科学博士后文库》由中国社会科学院与全国博士后管理委员会共同设立，旨在集中推出选题立意高、成果质量高、真正反映当前我国哲学社会科学领域博士后研究最高学术水准的创新成果，充分发挥哲学社会科学优秀博士后科研成果和优秀博士后人才的引领示范作用，让《文库》著作真正成为时代的符号、学术的示范。

推荐专家姓名	顾江	电话	
专业技术职务	教授	研究专长	文化产业管理
工作单位	南京大学长三角文化产业发展研究院	行政职务	院长
推荐成果名称	中国乡村自媒体传播生态研究——基于网络文化安全治理视角		
成果作者姓名	张苏秋		

（对书稿的学术创新、理论价值、现实意义、政治理论倾向及是否具有出版价值等方面做出全面评价，并指出其不足之处）

自媒体是当前国内涌现出来颇受欢迎的网络媒介，连接了男女老少，具有跨区域、跨文化、跨时空的特征。作者以乡村自媒体传播生态为切入点，更是契合"十四五"乡村振兴和共同富裕的发展要求，同时关照留守儿童和乡村老人的社会化，出版价值高。研究对象具有代表性、逻辑合理，具有较高的理论价值和现实意义，既为媒介研究、社会和经济研究的跨学科实践提供参考，又有利于传统乡村文化的传播和完善乡村媒介环境，为乡村治理和网络安全治理提供借鉴。是一部值得推荐的学术著作。

签字：

2022年 3月 25日

说明：该推荐表须由具有正高级专业技术职务的同行专家填写，并由推荐人亲自签字，一旦推荐，须承担个人信誉责任。如推荐书稿入选《文库》，推荐专家姓名及推荐意见将印入著作。